Anselm Grün

Wege der Verwandlung

W0071118

Anselm Grün

Wege der Verwandlung

Emotionen als Kraftquelle entdecken
und seelische Verletzungen heilen

HERDER

FREIBURG · BASEL · WIEN

Herausgegeben von Rudolf Walter

© Verlag Herder GmbH, Freiburg im Breisgau 2016
www.herder.de
Alle Rechte vorbehalten

Satz: de·te·pe, Aalen
Herstellung: CPI books GmbH, Leck

Printed in Germany

ISBN 978-3-451-00648-7

Inhalt

Vorwort:
Alle Emotionen dürfen sein

Computer haben keine Gefühle – Menschen schon. Emotionen bewegen jeden Menschen. Sie machen Menschen geradezu aus. Wenn ich frage, wie ein Mensch sich fühlt, dann sagt die Antwort etwas über seine gesamte Situation, seine Befindlichkeit im Ganzen aus. Vieles hängt vom Umgang mit unseren Emotionen ab. Wer seine Emotionen abschneidet, schneidet sich von einer wichtigen Lebensquelle ab. Emotionen bewegen den Menschen, geben ihm Kraft und Lust am Leben. Aber Emotionen können uns auch überfallen und so sehr beherrschen, dass wir unter ihnen leiden. Und sie können Auslöser für Konflikte und seelische Verletzungen sein.

Wird alles einfacher, wenn wir unsere Gefühle »im Griff« haben? Wenn wir »cool« über all die wilden, intensiven, heftigen Impulse hinweggehen, die uns manchmal so sehr und ganz ergreifen und in Beschlag zu nehmen drohen? Ist das vielleicht nur eine Frage des Willens? Sind wir nicht verantwortlich für unsere Emotionen, unsere »Launen«, wie wir manchmal sagen – nicht selten im Ton des Vorwurfs? Hilft es, wenn wir Gefühle, die wir vielleicht als problematisch empfinden, verdrängen und versuchen, uns ganz rational und vernünftig zu verhalten?

Damit das Leben gelingt, ist es jedenfalls wichtig, zu lernen, wie wir gut mit unseren Gefühlen umgehen können – auch mit denen, die wir oft als »negativ« bewerten. Es geht nicht darum, sie zu unterdrücken oder zu verdrängen. Negative Gefühle wie Hass, Neid, Gier oder Wut kommen ja nicht nur bei anderen vor, auch wenn wir sie dort vielleicht schärfer und schneller wahrnehmen. Auch in uns selber sind solche Anteile.

Wir können nicht nur unsere Umwelt durch die Art beeinflussen, wie wir auf sie reagieren und auf sie eingehen. Auch die Umstände, unter denen wir leben, haben Auswirkungen auf unsere emotionale Befindlichkeit. Ansprüche von außen, Anforderungen in der Arbeitswelt, gesellschaftliche Leitbilder oder gegenseitige Erwartungen in nahen Partnerbeziehungen oder in der Familie: All das kann Stress erzeugen und unsere Gefühlsreaktionen bestimmen.

Ob wir wollen oder nicht: In all unseren Beziehungen treten ständig Emotionen auf, in der Partnerschaft, in verwandtschaftlichen Beziehungen, in Freundschaften, in den sozialen Kontakten, in der kirchlichen Gemeinde oder auch im Umgang unter Kollegen in der Firma. Wer Beziehungen als gut und wohltuend erfährt, der fühlt sich belebt und in der Gemeinsamkeit mit anderen bestärkt. Wer sie als destruktiv belastend und negativ erlebt, wer in seinen Empfindungen verletzt wird, der leidet und fühlt sich unwohl.

Probleme in einer Beziehung rühren oft daher, dass man dem anderen seine Empfindlichkeit vorwirft. Dahinter steckt der Anspruch: »Du darfst nicht empfindlich sein. Du darfst keine Emotionen haben, oder zumindest keine solchen. Sonst wird unser Zusammenleben schwierig.« Aber das Gegenteil ist der Fall. Wenn Emotionen, welche auch immer, verdrängt werden, dann wird die Beziehung kalt und langweilig. Sie verliert ihre Kraft. Die eigenen Emotionen wahrzunehmen und zu bearbeiten, ermöglicht auch eine bessere Beziehung.

Das größte Problem dabei ist, dass wir die Emotionen immer bewerten. Es ist daher wichtig, frei zu werden vom Bewerten. Die Emotionen sind einfach da. Manchmal ist es uns peinlich, wenn wir Rachegefühle oder Gefühle von Beleidigtsein oder Eifersucht oder Neid in uns wahrnehmen. Aber der erste Schritt ist, diese Emotionen einfach wahrzunehmen. Sie sind da, ob wir sie wollen oder nicht. Und die Frage ist dann, wie wir damit umgehen.

Beziehungen beeinflussen unser Gefühlsleben. Und der richtige Umgang mit den Emotionen entscheidet, ob und wie unsere Beziehungen gelingen. Was soll man also tun, wenn Partner sich an den Emotionen reiben, die zwischen ihnen auftauchen, wenn sie sich gegenseitig Vorwürfe machen, dass sie ihre Emotionen nicht im Griff haben, dass sie von ihren Launen beherrscht werden?

Erst wenn wir die eigenen Emotionen, aber auch die der anderen Menschen, mit denen wir zu tun haben, in aller Ruhe anschauen, ohne sie dem anderen vorzuwerfen, finden wir einen Weg, uns selber und den anderen besser zu verstehen. So können wir einander näherkommen und miteinander harmonischer zusammenarbeiten. Nur indem wir uns selber annehmen, wie wir sind, und indem wir den anderen annehmen, wie er wirklich ist, wird ein gutes Miteinander möglich. Am Anfang steht also einfach das Hinsehen und Wahrnehmen.

Eine bekannte Mönchsgeschichte kann das verdeutlichen: Drei Brüder gingen verschiedene Wege, der eine arbeitete als Krankenpfleger, der andere als Handwerker, der dritte wurde Mönch. Nach einiger Zeit kamen die beiden Brüder innerlich aufgewühlt und unzufrieden zu ihrem Bruder in die Wüste. Sie sagten: Wir wissen gar nicht, was mit uns los ist. So viele Emotionen verwirren uns. Da warf der Mönch einen Stein in das Wasser des Brunnens, der neben seiner Einsiedelei war. Und er lud die Brüder ein, in das Wasser zu schauen. Sie sahen natürlich nichts, weil alles unruhig war. Nach einiger Zeit, als das Wasser ruhig geworden war, lud er sie nochmals ein, ins Wasser zu schauen. Jetzt sahen sie ihr Spiegelbild.

Dass in der Mönchstradition Wichtiges zum Umgang mit Emotionen zu lernen ist, werden wir noch ausführen. Was diese Geschichte aber jetzt schon sagt: Es geht darum, klarer zu sehen und so erst zu erkennen, was ist. Das Nachdenken über Emotionen ist eine ideale Gelegenheit, sich selbst zu erkennen. Erst wenn wir die verwirrenden Emotionen, die in uns sind, klarer sehen können, finden wir auch Wege, mit ihnen besser umzugehen.

In diesem Buch geht es um Emotionen, die wir von vornherein als schwierig erleben, als negativ bewerten oder als

»schlecht« einstufen. Neid und Wut und Beleidigtsein, Scham oder Angst, Minderwertigkeitsgefühle oder Eifersucht gehören dazu. Ob wir wollen oder nicht, auch solche Emotionen überfallen uns einfach. Sie können sehr heftig sein. Oft sind sie maßlos und wild. Und sie trüben unsere Lebensfreude ein, stören das Zusammenleben, hemmen unseren Fluss des Lebens. Unsere Aufgabe liegt dann darin, das Wasser, das von solchen Emotionen getrübt ist, zu klären. Um dann nicht nur klarer zu sehen, sondern auch ruhiger handeln zu können.

Es wird zunächst um die einzelnen Emotionen gehen. Auch wenn wir sie besonders anschauen, werden wir sehen, dass sie irgendwie alle zusammenhängen. Oft ist eine dominante Emotion vermischt mit anderen Impulsen. In den Neid mischt sich zum Beispiel schnell Beleidigtsein. Wut kocht noch mehr auf, wenn sie sich mit Rachegefühlen verbindet. Und Zorn wird dann unberechenbar und explosiv, wenn etwa Eifersucht ins Spiel kommt. Es wird darum gehen, solche Verbindungen immer wieder zu erkennen.

Die große Resonanz, auf die Texte dieses Buches in meinem »einfach-leben-Brief« gestoßen sind, zeigt: Viele Menschen sind von diesem Thema berührt, wenn die verschiedenen Emotionen nicht unter einem bewertenden Aspekt betrachtet werden. Und immer wieder kreisen die Fragen meiner Zuhörer und Zuhörerinnen auch bei den Vorträgen um Themen, die mit Emotionen zu tun haben. Dies war bei Vorträgen in Deutschland nicht anders als wenn ich in Taiwan, angeregt auch durch vertiefende kritische Rückfragen meiner dortigen Verlegerin Frau Hsin-Ju Wu, darüber gesprochen habe. Insbesondere für den unterschiedlichen Umgang von Männern und Frauen mit ihren Gefühlen bin ich dadurch achtsamer geworden. Auch wenn es natürlich kulturell geprägte Unterschiede im Umgang mit Emotionen gibt – die Grundprobleme sind doch immer ähnlich.

Bei den Vorträgen haben die Hörer und Hörerinnen immer gewünscht, dass ich mit ihnen ein Ritual mache. Daher habe ich nach jeder Reflexion über eine Emotion ein Ritual beschrieben, das helfen kann, mit der betreffenden Emotion gut umzugehen.

So hoffe ich, dass dieses Buch vielen Menschen hilft, ihre Emotionen anzuschauen, ohne sie zu bewerten oder zu verurteilen, und so mit ihnen umzugehen, dass sie toleranter werden gegenüber den anderen, aber auch gegen sich selbst. Und dass sie schließlich ihr Leben und ihre Beziehungen bereichern und befruchten.

I. Emotionen – Ein Lebensthema

1. Negatives nicht verdrängen, sondern verwandeln

Negative Gefühle entstehen oft aus Verletzungen. Die Verletzungen können nur geheilt werden, wenn wir die negativen Gefühle anschauen und sie verwandeln. Wenn die negativen Gefühle verwandelt werden, dann schließen sich auch die Wunden, die wir in unserer Lebensgeschichte erlitten haben. Wie diese Verwandlung konkret ausschauen kann, möchte ich an zwei Beispielen veranschaulichen. Der bekannte Flötist Hans-Jürgen Hufeisen, mit dem ich oft konzertante Lesungen halte, hat in einem Buch, das zu seinem 60. Geburtstag erschienen ist, von seiner Kindheit erzählt. Es ist eine schier unglaubliche Geschichte. Bald nach seiner Geburt in einer Pension hatte seine Mutter ein Kissen über das gerade drei Tage alte Kind gelegt und war abgereist. Der Wirt hörte das Schreien und befreite den Kleinen von diesem Kissen, das ihn zu ersticken drohte. Er übergab ihn der Obhut eines Kinderheims. Dort schenkte ihm eine Erzieherin, als er fünf Jahre alt war, eine Flöte. Das war seine Lebensrettung. Denn dieses Instrument half ihm, die Wunde des verlassenen Kindes zu verwandeln und zu heilen. Seither

Verletzungen können heilen

13

hat Hans-Jürgen Hufeisen zahllose Menschen mit seinem Flötenspiel erfreut und ist zu einem der bekanntesten Blockflötisten Europas geworden. Die Enge, die das Kissen über dem Säugling erzeugte, hat er in Weite verwandelt. Und die wenige Luft, die er nach seiner Geburt bekam, hat er verwandelt in heilende Töne.

Ein anderes Beispiel möchte ich von meinem Vater erzählen. Er musste nach dem Krieg in seinem Elektrogeschäft Konkurs anmelden, weil er von einem Geschäftsmann betrogen worden war. Die Bank wollte sein Haus versteigern, in dem er mit seiner Familie mit sieben Kindern wohnte. Doch mein Vater war ein sehr frommer Mann. Er hielt sich am Vaterunser fest. Die jeden Tag gebetete Bitte »Unser tägliches Brot gib uns heute« schenkte ihm Vertrauen, auch und gerade in seiner Notsituation. Und es war die Bitte »Vergib uns unsere Schuld, wie auch wir vergeben unseren Schuldigern«, die seine Bitterkeit über die Enttäuschung durch den Geschäftsmann in inneren Frieden und in Freiheit verwandelt hat.

Keine Beziehung Ein Grund für viele Beziehungspro-
ohne Verletzungen bleme besteht darin, dass man sich gegenseitig verletzt. Wenn der andere mich verletzt, antworte ich damit, dass ich ihn verletze. Es gibt keine Beziehung ohne Verletzungen. Es gibt auch keine Liebe ohne Verletzungen. Die eigentliche Aufgabe besteht dann darin, sich die Verletzung einzugestehen. Sie ist eine wichtige Quelle der Selbsterkenntnis. In der Beziehung lerne ich mich auf eine ganz tiefe Weise selber kennen. Ich entdecke meine alten Wunden aus der Kind-

heit. Wenn mich der Partner verletzt, schreit das verletzte Kind in mir auf: das übersehene Kind, das verlassene Kind, das zu kurz gekommene Kind, das entwertete Kind, das Kind, das nie genügt hat.

Verletzungen lassen sich nicht vermeiden. Aber wenn jeder durch die Verletzung sich selbst besser kennen lernt, dann können uns die Verletzungen helfen, die eigene Maske abzulegen und uns dem anderen so zu zeigen, wie wir wirklich sind, auch mit unseren alten Wunden und Empfindlichkeiten. Das bringt uns näher zusammen, als wenn wir uns hinter dem Panzer des Coolseins verstecken. Und es macht uns demütig und bescheiden. Wir nehmen uns an mit unserer Empfindlichkeit und Launenhaftigkeit. Wir brauchen uns dann in der Liebe nichts mehr vorzumachen. Ich kenne meine alten Wunden und ich lerne die Wunden des anderen kennen. Aber wir machen sie uns nicht zum Vorwurf. Wir begegnen dem anderen, wie wir wirklich sind. Und wir lieben nicht mehr ein Bild von ihm, sondern ihn selber so, wie er wirklich ist. Das ist befreiend. Die wirkliche Liebe zerstört alle Bilder, die wir uns vom anderen machen. Sie führt uns tief in sein Herz und sie öffnet unser Herz ganz für ihn. Auch die Verletzungen können also zur Chance werden, unsere Liebe immer mehr zu vertiefen, sie immer ehrlicher und wahrhaftiger werden zu lassen.

Um solche Verwandlung unserer Gefühle geht es mir in diesem Buch. Weil Gefühle Teil unseres Lebens sind und geradezu seine Farbe ausmachen, kann *Darf man negative Emotionen überhaupt zulassen?* es nicht darum gehen, von den Emotionen frei zu werden

15

oder sie zu unterdrücken. Sie gehören wesentlich zu uns. Emotionen bewegen uns, sie haben Kraft und sie geben uns Kraft. Aber manchmal beherrschen uns die Emotionen auch, besonders wenn sie negativ sind: Wenn die Verletzung so groß ist, dass wir meinen, in unserer Wut nur noch zurückschlagen zu müssen. Oder wenn der Neid auf einen anderen so stark an uns nagt, dass wir uns innerlich wie zerfressen vorkommen. Oder wenn uns das Verhalten eines Mitmenschen so empfindlich trifft, dass wir uns wertlos und missachtet fühlen. Wenn wir einen Wutanfall bekommen, der uns geradezu überschwemmt, sodass daneben nichts anderes mehr in den Blick kommt. Oder aber auch wenn wir in tiefe Traurigkeit fallen, wie in ein Loch ohne Rettung, ohne Aussicht auf Befreiung.

Darf oder soll man solche Emotionen überhaupt zulassen? Sollte man nicht von vornherein alles tun, um sie zu vermeiden? Oder, wenn sie schon einmal auftauchen, sie mit allen Mitteln bekämpfen? Es gibt schließlich genügend Ratgeber, die dafür Tricks und Methoden anbieten. Wäre nicht überhaupt Rationalität, ein kontrollierter, vernünftiger und vernunftgesteuerter Umgang miteinander, das bessere Modell?

Was abgespalten ist, fehlt an der eigenen Lebendigkeit Die verdrängten Emotionen werden von uns abgespalten. Und was abgespalten ist, das fehlt uns an der eigenen Lebendigkeit. Im Deutschen haben wir ein schönes Wort: Jemand ist sanftmütig. Das meint nicht, er sei gefühlsarm: Sanft kommt von sammeln. Sanftmütig ist jemand, der alle seine Emotionen sammelt, der sie beachtet und miteinander verbindet. So ein Mensch ist lebendig. Und wir begegnen dann dem ganzen Menschen. Wenn ein Mensch nur »im Kopf« ist, begegnen wir nur seinem Kopf, aber nicht seinem Herzen, nicht dem ganzen Menschen. Und so kann zwischen uns auch nicht wirklich etwas fließen.

Natürlich sollten wir im Umgang miteinander die Formen wahren und unsere Emotionen nicht hemmungslos ausleben. Verdrängung ist aber etwas anderes und hat nichts mit Anstand oder Höflichkeit zu tun. Verdrängung heißt, seine Emotionen entweder zu unterdrücken oder sie einfach nicht anzuschauen, sie zu leugnen. Das ist keine gute Methode. Denn die verdrängten Gefühle suchen sich trotzdem einen Weg, an die Oberfläche zu kommen. Und meistens kommen sie im unrechten Zeitpunkt hoch und stören dann unsere Beziehung zum anderen.

Manche versuchen, ihre als negativ eingeschätzten Emotionen durch alle möglichen psychologischen oder spirituellen Techniken zu verändern und zu besiegen. Aber wenn ich frontal gegen die Emotionen kämpfe, dann werden sie immer noch stärker. Und viele, die ihre Emotionen verändern wollen, drücken damit aus, dass die Emotionen nicht gut sind und dass sie selbst nicht gut sind, weil sie diese Emotionen haben.

Es geht nicht um Verurteilung, sondern um Verwandlung. In der Verwandlung schaut man sich eine Haltung an. Man *Auch im Negativen steckt eine Energie* verurteilt sie nicht, sondern spürt ihrem Sinn nach. Das ist von der Hoffnung geprägt, dass diese Haltung sich zum

Positiven wandeln kann. Denn auch in jeder negativen Emotion steckt eine Energie. Und diese Energie will genutzt werden, damit sie mich lebendig hält. Das Ziel der Veränderung ist, dass alles anders wird. Aber das Wort »ander«, das in »Veränderung« steckt, ist schon verräterisch. »Ander« ist eine Ordnungszahl, die auch eine Wertung impliziert. Ich soll also ein anderer im Sinne von zweiter, also zweite Wahl werden. Das Ziel der Verwandlung unterscheidet sich davon. Es geht nicht darum, dass ich mich verleugne, indem ich ein anderer werde. Sondern dass ich ganz ich selber werde, dass also das einmalige Bild, das Gott sich von mir gemacht hat, durch alles, was ich bin, noch klarer hindurchscheint.

Verwandlung würdigt, was ist. Sie wertet nicht — Verwandlung würdigt, was ist, was geworden ist. Sie bewertet es nicht. Sie hält es Gott hin, damit sein Geist es durchdringt und verwandelt. Das nicht nur passiv. Verwandlung kann auch geschehen, indem ich aktiv einen Widerstand gegen eine destruktive Haltung aufbaue. So wie Elektrizität gewonnen wird, wenn eine Staumauer gegen Wasser errichtet wird, damit mittels Wasserkraft Transformation dieses natürlichen Elements in Energie geschehen kann. Aktiv kann Verwandlung auch geschehen, indem ich etwas ausprobiere. Indem ich eine Haltung einfach einmal zu leben versuche oder etwas ganz Bestimmtes tue. Und dieses Tun kann zur Verwandlung der inneren Haltung werden. Auch um solche Experimente soll es in diesem Buch gehen.

Die Grundfrage bei allem ist: Wie kann es gelingen, friedlich miteinander umzugehen, ohne dass wir uns selbst verleugnen müssen? Und wie können sogar Verletzungen zur Chance werden, unsere Liebe immer mehr zu vertiefen, sie immer ehrlicher und wahrhaftiger werden zu lassen? Das sind alte Fragen. Und auch die alten spirituellen Traditionen können zu aktuellen Antworten etwas beitragen.

Grundfragen, die weiterführen

2. Was uns die spirituelle Tradition sagt

Selbstwerdung – ein spirituelles Thema Es geht beim Thema Umgang mit negativen Emotionen nicht um Egoismus, sondern um Selbstwerdung – im Kern also ein spirituelles Thema. Nur wenn ich dazu fähig werde, kann ich auch dem anderen gut begegnen. Das wahre Selbst ist etwas anderes als das Ego. Das Ego will sich immer behaupten und durchsetzen. Doch der Weg geht vom Ego zum Selbst, zur inneren Mitte des Menschen. Und dieser Weg zum wahren Selbst geht nicht über das Unterdrücken und auch nicht über das Verändern, sondern über das Verwandeln. Verwandlung ist ein zentrales Thema christlicher Spiritualität. Wie dieses Verwandeln geht, das möchte ich im Blick auf die Tradition der Wüstenväter zeigen, die etwa vom 4. bis 6. Jahrhundert in Ägypten gelebt haben und Meister der psychologischen Selbstbeobachtung waren. Am historischen Modell, nicht nur der Wüstenväter, sondern auch anhand von Zeugnissen der Mystik lässt sich beispielhaft zeigen, wie spirituelle Männer und Frauen mit den Emotionen und Leidenschaften umgehen.

Leidenschaften und Herzensruhe bei den Wüstenvätern Für die frühen Mönche ist der Umgang mit den Emotionen und Gedanken, mit den Bedürfnissen und Leidenschaften ein zentrales Thema. Auf dem Weg zu Gott begegnen die Mönche ihren Gedanken und Leidenschaften, also ihrer eigenen inneren Wirklichkeit. Sie nennen diese Gedanken und Leidenschaften *logismoi*. Das Wort *logismos* kann man kaum richtig übersetzen. Man kann es nur umschreiben mit Worten wie: innere Einflüs-terungen, Einreden, Ausreden, Gedankenspielereien, lei-denschaftliche Gedanken, unruhige Gedanken, Brüten, unnützes Grübeln. Das, was die Mönche in der Welt erlebt hatten, kommt jetzt in der Wüste in Form der *logismoi* auf sie zu und quält sie. Und die Mönche ringen mit diesen Gedanken, um nicht von ihnen beherrscht zu werden, um frei zu werden von ihnen und zu innerer Ruhe finden. Das Ziel ihres Lebens ist die Herzensruhe – *hesychia* –, in der sie Gott in ihrem Herzen spüren. Aber der Weg zu dieser inneren Ruhe geht eben über die Auseinandersetzung mit den Gedanken und Leidenschaften. In uns ist ein Ort der Stille, in dem Gott in uns wohnt. Aber zu diesem Ort auf dem Grund der Seele gelangen wir nur, wenn wir durch das Chaos unserer Gedanken, Leidenschaften und Emo-tionen hindurchgehen.

Das Ringen mit den *logismoi* hat nicht *Auch Gott wirkt* zum Ziel, die Emotionen zu unterdrü- *mit* cken oder auszulöschen. Die Emotionen haben ja auch einen Sinn. »Emotion« kommt von *movere* = bewegen. Emotionen bewegen uns, sie sind eine Quelle der Energie. Wenn wir sie ausschalten, fehlt es uns an Energie. Aber die Emotionen und Leidenschaften können uns auch beherrschen. Daher geht es darum, die positive Energie, die in jeder Emotion, in jedem *logismos* steckt, herauszuschälen und für den eigenen spirituellen Weg zu nutzen. Dieser Weg geht nur über die Verwandlung. Ich schaue die Emotion genau an und überlege, wie sie sich verwandeln lässt. Der Prozess der Verwandlung geht über eigene Schritte, die ich tun muss. Aber bei diesem Weg der

Verwandlung wirkt auch Gott. Ein wichtiger Schritt ist daher immer, die *logismoi* mit Gott zu besprechen und sie Gott hinzuhalten, damit Gottes Geist die Emotion durchdringt und verwandelt.

Ringen mit Dämo- Die Mönche sagen: Wir sind nicht ver-
nen, die uns schaden antwortlich für die Gedanken und Gefühle, die in uns auftauchen. Wir sind nur dafür verantwortlich, wie wir damit umgehen. Die *logismoi* sind wie »Dämonen«, die uns von außen überfallen. Wenn wir uns von ihnen beherrschen lassen, dann schaden sie uns. Wenn wir aber mit ihnen ringen, dann ziehen wir Kraft aus ihnen.

Ein Väterspruch beschreibt das so: »Abbas Poimen fragte Abbas Joseph und sprach: Was soll ich tun, wenn die Leidenschaften nahe kommen? Soll ich ihnen widerstehen oder soll ich sie eintreten lassen? Es sprach zu ihm der Alte: Lass sie eintreten und kämpfe mit ihnen. Und nachdem Poimen in die Sketis zurückgekehrt war, setzte er sich. Da kam jemand aus der Thebais in die Sketis und sagte den Brüdern: Ich fragte den Abbas Joseph und sagte: Wenn sich mir eine Leidenschaft naht, soll ich ihr widerstehen oder soll ich sie eintreten lassen? Und er sagte mir: Lass die Leidenschaften überhaupt nicht eintreten, sondern haue sie sofort ab. Als Abbas Poimen gehört hatte, dass Abbas Joseph zu dem Thebaier so gesprochen hatte, stand er auf, ging zu ihm nach Panepho und sprach zu ihm: Abba, ich habe dir meine Gedanken (*logismoi*) anvertraut, und siehe: So hast du zu mir gesprochen und anders zum Thebaier. Da sprach zu ihm der Alte: Weißt du nicht, dass ich dich liebe? Und der sagte: Ja. Hast du mir nicht gesagt: So wie zu dir selbst, so sprich auch zu mir? Und er sprach: So verhält es sich. Da sagte zu ihm der Alte: Wenn die Leidenschaften eintreten, und du ihnen gibst und von ihnen nimmst, bewerkstelligen sie, dass du bewährter wirst. Ich habe zu dir wie zu mir gesprochen. Es gibt aber andere, denen es nicht zuträglich ist, wenn sich die Leidenschaften nähern. Diese haben es nötig, sie sofort abzuhauen.« (Joseph 3)

Entscheidend ist also die innere Stärke. Es gibt Menschen, die sollen sich vor den Leidenschaften hüten und sich nicht mit ihnen beschäftigen. Denn sonst werden sie von ihnen beherrscht und besiegt. Aber der angemessenere Weg ist, die Leidenschaften durchaus in seinen Geist eintreten zu lassen, sich mit ihnen vertraut zu machen, mit ihnen zu sprechen, was sie mir sagen wollen. Dann kann ich mir ihre Kraft zunutze machen. Abbas Joseph beschreibt das so: Sie werden mich bewährter machen, sie werden mich stärken und sie werden mir eine große Erfahrung schenken. Und diese Erfahrung wird mich in Freiheit und mit Vertrauen leben lassen. Ich habe keine Angst mehr vor den Leidenschaften. Sie können ruhig kommen. Aber ich schaue sie mir an. Ich nehme mir das, was ich zum Leben brauche. Und das andere, was mir schadet, das lasse ich draußen.

Die Kraft der Leidenschaften nutzen

Die beiden verschiedenen Wege, die Abbas Joseph im vierten Jahrhundert beschrieben hat, gibt es auch heute

Aus Feinden Freunde machen

noch. In der Ratgeberliteratur wird meistens der zweite Weg empfohlen, die negativen Emotionen zu meiden oder zu überwinden oder gegen sie zu kämpfen. Doch es ist eine Erfahrungstatsache: Je mehr ich gegen eine Haltung ankämpfe, desto stärker wird sie, desto mehr Gegenkraft entwickelt sie. Für mich ist der erste Weg, den Abbas Joseph empfiehlt, hilfreicher. Man könnte ihn den Weg der Verwandlung nennen gegenüber dem Weg der Veränderung. In diesem von den alten Mönchen beschriebenen Sinn möchte ich in diesem Buch verschiedene negative Emotionen und ihre Verwandlung beschreiben. Das Ziel dabei ist für mich: Ich gehe solange mit den Leidenschaften um, bis sie sich in eine Hilfe und Stütze für das Leben wandeln. Sie wandeln sich von Feinden zu Freunden. Sie zeigen mir, wie ich mit der Kraft leben kann, die in den Leidenschaften steckt, ohne von ihnen beherrscht zu werden.

3. Männlicher Umgang mit Emotionen

»Ein Indianer kennt keinen Schmerz« – *Was heißt*
den Spruch kennen viele Jungen. In der *»männlich«?*
Nazizeit hieß es sogar: »Geweint wird,
wenn der Kopf ab ist.« Was uns hart macht, bringt uns
weiter, diese Einstellung hat in der Erziehung von Jungen
hierzulande lange eine große Rolle gespielt. Auch wenn
die Zeiten vorbei sind, in der das allgemein praktizierte
Erziehungsgrundsätze waren – immer noch ist das Ver-
hältnis von Männern zu ihren Gefühlen nicht ganz einfach. Nicht selten kommt etwa von Seiten einer Frau der
Vorwurf: »Du bist nicht sensibel. Bist du überhaupt fähig,
Gefühle zu zeigen und zu lieben?« Wie soll man da reagieren? Hat Emotion mit Sensibilität zu tun? Und bedeutet
Distanz zu den eigenen Gefühlen mangelnde Sensibilität?
Wie sollten Männer ihre Emotion ausdrücken, ohne dem
anderen Verdacht ausgesetzt zu sein: der Unmännlichkeit?

Nun bin ich als Mönch natürlich selber *Mönch und Mann*
ein Mann. Und natürlich haben auch
Mönche einen bestimmten von ihrer Kultur mitgeprägten
Erziehungshintergrund. Aber Mönche haben sich immer
auch ihren Emotionen gestellt. Und die Art und Weise,
wie sie das getan haben, zeigt etwas Interessantes. Sie
könnte auch für die Männer von heute eine Hilfe sein.
   Nun kann natürlich jemand auch einen anderen Ein-
wand erheben: Mönche in ihrer spirituellen Lebensform,
die auf die unmittelbare Begegnung mit Gott hin ausge-
richtet ist, seien besonders privilegiert, weil sie nicht in die
komplizierten Stress-Situationen heutiger Männer einge-

bunden sind und nicht unter dem permanenten Druck stehen. Sie müssen nicht ständig emotionale Beziehungen im Privatleben und die Ansprüche im Leistungsdruck des Arbeitslebens unter einen Hut bringen oder ausbalancieren. Aber auch wir Mönche leben ja in einer Gemeinschaft und leben darin ständig in Beziehungen. Und wir haben natürlich auch mit Menschen in der Welt zu tun. Wir arbeiten mit vielen Angestellten zusammen. Und natürlich erleben auch wir unsere Emotionen immer in Beziehung zu anderen. Auch die Meinung, dass Mönche von Natur aus ruhig seien, ist ein Vorurteil. Auch wir haben wir es nötig, zu lernen, wie wir spirituell mit Emotionen umgehen können. Davon erzählen im Übrigen ja auch die alten Mönchsgeschichten. Auch sie haben unsere Tradition geprägt.

Abwehr:
Die martialische
Methode

Die meisten dieser Geschichten und die meisten Worte, die uns von den Wüstenvätern überliefert worden sind, beziehen sich auf Männer. Diese Männer, die im 4. und 5. Jahrhundert in der Wüste lebten, um Gott zu suchen, nannten sich als Mönche Athleten. Weil sie sich als Kämpfer verstanden, überwiegen bei ihnen Ausdrücke wie: Kampf, Mühe, Härte, sich Gewalt antun. Die martialische Härte, mit der sie mit ihren Leidenschaften kämpften, ist uns heute oft fremd. Sie sahen ihren Kampf als geistlichen Kampf. Und manchmal bezeichneten sie ihn auch ausdrücklich so: »Kriegsdienst für Christus«. Sie kämpften wie Soldaten, damit Christus ihren Geist prägt und nicht die Leidenschaften.

Etwas von dieser Kraft, die die Männer aufbrachten, um

ihre Emotionen zu besiegen, wird aus folgendem Väter-spruch sichtbar: »Es sagte Abbas Ammonas: Vierzig Jahre verbrachte ich in der Wüste und bat Gott Tag und Nacht, dass er mir gewähre, den Zorn zu besiegen.« (Ammonas 3) Dieser Mönch kämpfte also vierzig Jahre gegen seinen Zorn. Aber er wusste zugleich, dass er ihn nicht allein besiegen konnte, sondern dazu der Hilfe Gottes bedurfte.

Abbas Isidoros hat eine andere Methode gefunden, sich von der Macht des Zorns zu befreien: »Seit ich Mönch geworden bin, übe ich mich, den Zorn nicht zu meiner Zunge heraufsteigen zu lassen.« (Isidoros 2) Er spürt den Zorn. Aber er zwingt sich, den Zorn nicht mit Worten aus-zudrücken. Er hält ihn zurück in der Brust, in der Hoff-nung, dass er sich da irgendwann auflöst.

Natürlich finden sich in der Mönchs-tradition auch Aussagen, die deutlich machen, dass die Männer die Emotio-nen nicht besonders beachteten und damit also auf diese Linie verweisen, also auf etwas, was wir noch heute mit einem bestimmten Männerbild verbinden.

Nicht-Beachtung der Emotionen

In einem dieser Vätersprüche sagt Abbas Poimen: »Wenn jemand eine Schlange oder einen Skorpion in ein Gefäß gibt und dieses die ganze Zeit verschlossen hält, dann sterben sie. So auch die bösen Gedanken, die von den Dämonen gebildet werden: Durch die Geduld verschwin-den sie.« (Poimen 21) Poimen achtet nicht auf die einzel-nen Emotionen. Er hält sie gleichsam verschlossen in einem Gefäß. Er gibt ihnen keine Möglichkeit, nach außen zu gehen, indem er nicht darüber redet und sie nicht beachtet. Dann sterben sie von alleine. Das kann durchaus einmal eine Methode sein. Aber andere Mönche raten auch, die einzelnen Emotionen zu befragen und nach ihrem Sinn zu suchen. Nur so können sie sie überwinden und verwandeln. Poimen selber spricht lieber vom mannhaften Kampf gegen die Leidenschaften: »Wenn wir mannhaft sind, übt Gott an uns sein Erbarmen.« (Poimen 94)

Natürlich geht es nicht darum, die Methoden der alten Mönche zu kopieren. Jeder kann einfach lesen, wie sie mit Emotionen umgehen. Und dann die Methode aussuchen, die für ihn stimmt.

Flucht vor negativen Emotionen Manchmal kann durchaus die Flucht vor negativen Emotionen angebracht sein. So erzählt Abbas Johannes Kolobos von sich: »Als ich einst den Weg der Sketis mit einem Geflecht hinaufging, sah ich einen Kameltreiber. Der sprach und reizte mich zum Zorn. Da ließ ich das Gerät stehen und floh.« (Johannes 5) Johannes kann den Zorn nicht verhindern. Und er findet auch keinen Weg, ihn aufzulösen. Er muss vor der Situation, die seinen Zorn entflammt, fliehen, in der Hoffnung, dass dann der Zorn keine Macht über ihn gewinnt. Manchmal kann das Laufen ja auch ein Sich-frei-Laufen sein. Indem ich vor dem Zorn davonlaufe, kann ich mich von ihm befreien, der mich sonst beherrschen würde.

Eine gute Form der »Flucht« ist die Flucht ins Gebet. So erzählt Johannes von sich: »Ich gleiche einem Menschen, der unter einem großen Baum sitzt und viele wilde Tiere sieht, die zu ihm hinkriechen. Und wenn er ihnen nicht

widerstehen kann, eilt er hinauf auf den Baum, und ist
gerettet. So auch ich: Ich sitze in meinem Kellion und sehe
die schlechten Gedanken über mir. Und wenn ich nichts
gegen sie vermag, fliehe ich mit dem Gebet zu Gott und
rette mich vor dem Feind.« (Johannes 12)

Die Methoden, die die Mönche im *Rationale*
Umgang mit den Emotionen und Lei- *»Unterscheidung*
denschaften entwickelt haben, hat am *der Geister«*
Beginn der Neuzeit Ignatius von Loyola
auf neue Weise weiterentwickelt. Er nennt es im Einklang
mit der Tradition der frühen Kirche »Unterscheidung der
Geister«. Kern dieser Methode: Ignatius verlangt erst ein
Offensein für Gott, die sogenannte *indifferentia*. Dann soll
der Mensch genau prüfen, wohin die einzelnen Emotionen ihn führen, welche Auswirkungen sie haben. Diese
Methode ist rational. Der Mensch soll mit seiner Vernunft
und in der Offenheit für Gott seine Leidenschaften
anschauen und prüfen und sich dann immer für das entscheiden, was ihn zu mehr Lebendigkeit, Freiheit, Friede
und Liebe führt.

Wenn man die Wege der frühen Mönche und die eines
Ignatius von Loyola im Umgang mit Leidenschaften und
Emotionen bedenkt, so spürt man: Das sind typisch männliche Weisen. Sie sind stark von der Ratio und vom Willen
geprägt. Diese Männer nehmen ihre Emotionen wahr,
aber man hat den Eindruck, dass sie immer eine gewisse
Distanz dazu haben. Sie glauben, dass sie die Emotionen
durch rationale Überlegungen klären können oder durch
den Willen sich von ihnen distanzieren können. Die Tren-

nung von Innen und Außen, die wir in den Mönchsgeschichten feststellen konnten, entspricht letztlich diesem
Weg der Distanzierung. Man könnte sagen, dies ist – bis
heute – eine spezifisch männliche Weise, mit Emotionen
umzugehen.

Sinnvolle Was daran sinnvoll und festzuhalten ist:
Unterscheidung der Zuerst sollten wir die Emotion wahr-
Ebenen nehmen und sie klar von den äußeren
Umständen trennen. Die Gefahr liegt ja
immer darin, dass wir unsere Emotionen nicht von den
äußeren Umständen trennen können. Wir meinen oft, die
anderen seien an unseren Emotionen schuld. Aber was wir
fühlen, das ist immer *unsere* Reaktion auf die anderen und
auf die äußeren Umstände. Wir sollen daher immer unterscheiden, was von innen kommt und was von außen verursacht oder geprägt wird. Wir können aber nur die Gefühle,
die von innen kommen, bearbeiten. Von den äußeren
Umständen sollen wir uns distanzieren. Wir sollen sie von
außen beobachten, aber nicht in unser Inneres eindringen
lassen. Nur so können wir dann mit dem anderen klären,
was bei ihm unsere Emotion ausgelöst hat und wie und
warum wir auf ihn emotional reagiert haben. Wenn wir
diese beiden Ebenen nicht unterscheiden, würde ein Kno-
ten entstehen, den wir nur schwer lösen können. Von
Frauen wird diese »Methode« oft als »typisch männlich«
wahrgenommen, nicht verstanden und kritisiert. Sie empfinden diese Distanzierung als mangelndes Einfühlungs-
vermögen.

4. Weiblicher Umgang mit Emotionen

Warum kommt es zwischen Männern und Frauen gerade auf dem Gebiet der Emotionen zu so vielen unterschiedlichen Erwartungen und Fehleinschätzungen, zu Missverständnissen und Verletzungen? Dahinter steht ja in der Regel kein böser Wille. Wir wollen den anderen gar nicht verletzen. Aber er hat ganz bestimmte Erwartungen an uns. Und wenn wir diese Erwartungen nicht erfüllen, dann fühlt er sich verletzt. Die stoische Philosophie sagt zu Recht: »Nicht die Menschen verletzen dich, sondern die Erwartungen, die du an andere hast, die verletzen dich, wenn sie nicht erfüllt werden.«

Nicht die Menschen verletzen uns, sondern unsere Erwartungen

Manchmal werde ich auch gefragt, wie ich gerade als Mönch die Emotionen von Frauen verstehen und ihnen Rat geben will. Meine Antwort: Ich habe gar nicht den besonderen Anspruch, Frauen zu verstehen. Ich kann nur – wie jeder andere das auch kann – versuchen, gut auf ihre Worte zu hören und sie mit dem eigenen Herzen zu vergleichen. Mir persönlich hat jedoch auch das Studium der Wüstenmütter geholfen, Frauen besser zu verstehen. Es gab im 4. Jahrhundert ja nicht nur Mönche, sondern auch Wüstenmütter, Frauen, die in die Wüste als Einsiedlerinnen gegangen sind. Sie haben ihre eigenen Erfahrungen mit den Emotionen gemacht und sind auf ganz besondere Weise mit ihnen umgegangen. Und auch das hat mich auf eine Spur gebracht, die ins Heute führt.

Hilfreiche Erfahrungen der Wüstenmütter

Wenn wir die Sprüche der Wüstenmütter anschauen, sehen wir, dass sie sich
nicht nur intensiver um die Emotionen
kümmern. Sondern auch, dass sie die
Beziehung der Emotionen zum Leib genauer beobachten
als die Männer.

So sagt Amma Theodora: »Wahrhaft groß ist es für eine
Jungfrau oder für einen Mönch, still zu sein, am meisten
aber für die jungen. Aber wisse: Wenn einer sich vor-
nimmt, still zu sein, da kommt sofort der Böse und
beschwert die Seele, mit Überdruss, Kleinmütigkeit und
Gedanken. Auch den Leib beschwert er mit Krankheiten,
Abspannung, Aufgelöstheit der Knie und aller Glieder. Er
löst also die Kraft der Seele und des Leibes auf. Und wenn
ich krank bin, kann ich auch nicht den Gottesdienst ver-
richten. Wenn wir aber wachsam sind, löst sich das alles
auf.« (Theodora 3)

Theodora beobachtet also nicht nur die Emotionen, sondern auch ihre Auswirkungen auf den Leib. Und sie achtet
darauf, wie sich die leibliche Verfassung auf das spirituelle
Leben auswirkt. Ihr Weg, die Emotionen zu verwandeln,
ist nicht der Kampf, sondern die Wachsamkeit. Ihre Einsicht: Wenn ich meine Emotionen und die körperlichen
Reaktionen wachsam beobachte und sie durchschaue,
dann können sie sich auflösen, dann verlieren sie ihre
Macht über mich. Wachsam sein heißt: bewusst die Emotionen und körperlichen Beschwerden oder Krankheiten
wahrnehmen, sich in sie hineinfühlen und sich fragen, was
sie mir sagen wollen. Der wache Umgang mit den Emotionen und mit körperlichen Reaktionen führt mich in

eine innere Klarheit und Freiheit. Die moderne Achtsamkeitspsychologie sagt uns übrigens etwas Ähnliches: Die wachsame Beobachtung unserer Emotionen – und damit verbunden auch die Achtsamkeit für die emotionale Befindlichkeit anderer – ist auch in unseren Beziehungen wichtig. Um das einzusehen braucht es kein psychologisches Fachwissen. Es genügt, auf das eigene Gefühl zu vertrauen.

Auf welche besondere Weise Frauen mit Emotionen und Leidenschaften umgehen, möchte ich an einem anderen Beispiel aus der Geschichte aufzeigen, am Beispiel zweier großer Mystikerinnen. Die eine ist Teresa von Avila (1515–1582), die andere Therese von Lisieux (1873–1897).

Selbsterkenntnis als Weg zu Gott

Teresa von Avila spricht in ihrer Autobiographie sehr offen von ihren Emotionen. Sie hat sich selbst offensichtlich sehr gut beobachtet und erkannt. Aber sie hat sich nie selbst beschimpft oder sich schlecht gemacht, sondern eher humorvoll von sich und ihren Schwächen gesprochen. Auch für sie war wichtig: Der Weg zu Gott führt über die ehrliche Selbsterkenntnis. Sie schreibt: »Es ist absurd zu glauben, wir könnten den Himmel betreten, ohne zuerst unsere Seelen zu betreten, ohne uns selbst zu erkennen und über die Erbärmlichkeit unserer Natur nachzudenken.« (Vgl. Fritsch, S. 30) Selbsterkenntnis heißt für sie nicht, ständig um unsere Schwächen zu kreisen und zu meinen, wir könnten sie alle erfolgreich bekämpfen. Die Verwandlung der Emotionen geschieht vielmehr, indem wir aufschauen zu Gott, der uns bedingungslos annimmt. Wenn ich meine Emotionen und Lei-

denschaften anschaue, aber zugleich den Mut habe, aufzu-
brechen und mich auf den Weg zu Gott zu machen und auf
diesem Weg meine Leidenschaften mitzunehmen, dann
wandeln sich manche der Emotionen. Weil mein Ziel über
mich selbst hinausgeht, wandelt sich auch der Ballast an
negativen Emotionen, den ich mit mir herumschleppe.
Teresa ist überzeugt: Man muss nicht ein perfekter
Mensch sein, um seine Emotionen zu verwandeln. Vielmehr geht es darum, mitten in den Verstrickungen in
unsere Leidenschaften mit unserer Sehnsucht nach dem
ganz anderen, nach einem Ort der Stille, nach Gott im
Innern unserer Seele in Berührung zu kommen.

Freundschaft und   Wem es zu fromm oder zu passiv vor-
Gespräch   kommt, seine Emotionen Gott hinzu-
                       halten, dem rate ich: Du kannst sie ein-
fach selber anschauen. Das verlangt eine große
Ehrlichkeit. Wir können uns aber durchaus von der Sprache der Tradition lösen, um klarzumachen, worum es auch
den spirituellen Meistern und Meisterinnen der Vergangenheit geht. Im Kern ist ihre Botschaft: Die Beziehungen
zu unseren Mitmenschen sind Prüfstein dafür, ob unser
spirituelles Leben »stimmt«. Teresa von Avila sagt, auch
die Freundschaft sei ein guter Weg, die eigenen Emotionen zu verwandeln. Besonders hilfreich ist für sie in diesem Zusammenhang die Freundschaft mit Menschen, die
innerlich frei geworden sind, und das Gespräch mit einem
Menschen, »der hinsichtlich der Dinge der Welt keine
Illusionen mehr hat, da es von großem Nutzen ist, sich mit
jemandem zu besprechen, der sie durchschaut, damit wir
uns durchschauen.« (Ebd., S. 61) Das ist ein schönes Wort.

Wir brauchen oft das Gespräch mit einem anderen Menschen, dem wir unsere Emotionen zeigen und mit dem wir über sie sprechen. Das soll aber kein Mensch sein, der uns nur tröstet oder der unsere Leidenschaften und Schwächen nur beschwichtigt. Wir brauchen einen, der die Welt durchschaut, der auch sich selbst durchschaut. Dann hilft uns das Gespräch, dass wir selbst dazu fähig werden, uns zu durchschauen. Uns zu durchschauen hat nichts damit zu tun, uns zu verurteilen. Das sollte vielmehr immer mit Humor und Heiterkeit verbunden sein. Wir durchschauen unsere Schliche, mit denen wir uns etwas vormachen. Eine solche Einsicht wirkt befreiend und hilft, mit unseren Emotionen und Leidenschaften auf neue Weise umzugehen. Dazu braucht es freilich Mut und Offenheit voreinander.

Bei der heiligen Therese von Lisieux finde ich einen weiteren wertvollen Hinweis darauf, wie wir mit Emotionen *Demut als Mut: Gottes Liebe reinigt* umgehen können. Diese Therese war ein sehr empfindsames und empfindliches Mädchen. Nachdem sie mit 15 Jahren ins Kloster gegangen war, spürte sie im Umgang mit den Mitschwestern oft sehr schmerzlich ihre Empfindlichkeit. Sie fühlte sich ständig von den anderen verletzt und lächerlich gemacht. Sie kannte aus eigener Erfahrung depressive Stimmungen, zornige Gefühle und Gefühle von Beleidigtsein. Am Anfang floh sie vor diesen negativen Gefühlen in die Grandiosität. Sie fühlte sich als »Lieblingskleine Jesu«. Als solche brauchte sie nicht an sich zu arbeiten. Sie musste sich ihren Emotionen und Leidenschaften nicht stellen. Sie zelebrierte gleichsam ihre Schwäche und machte sich klein wie ein Kind. Doch es war ein unreifes Kind, das sich als etwas Besonderes fühlte. Im Laufe ihres Klosterlebens findet sie schließlich einen anderen Weg. Sie gibt ihre Ohnmacht, ihre Empfindlichkeit, ihre Verlassenheit, ihren Ärger, ihre Angst zu und hält sie Gott hin. Sie hat ein Bild von Gottes Liebe entdeckt, das ihr auf diesem Weg hilft. Es ist das Bild: Das Wasser sucht immer den tiefsten Punkt. Nun lässt sie die Liebe Gottes in ihre schmerzlichen Gefühle hineinströmen. Dadurch werden diese Gefühle verwandelt. Sie fühlt sich nicht mehr als Versagerin, wenn sie empfindlich reagiert, sondern sie hält diese empfindliche Reaktion und den Schmerz, den sie bei den Verletzungen empfindet, Gott hin und lässt Gottes Liebe bis in den Grund der Seele hineinströmen. Jetzt erfährt sie, dass sie nichts mehr von Gott trennen kann. Dieses Hineinströmen der Liebe Gottes in ihre Emotionen und Gedanken verwandelt die Gefühle. Jetzt fühlt sie sich nicht mehr einsam, verletzt, verlassen, lächerlich gemacht, abgelehnt, sondern sie lässt alle diese Gefühle zu. Und sie werden zum Einfallstor für die Liebe Gottes, die durch diese Gefühle ganz tief in ihre Seele hineinströmt und ihre innere Befindlichkeit verwandelt. Sie fühlt mitten im Schmerz auch das Glück des Geliebtseins. Therese hat auf diesem Weg die Haltung entdeckt, die den Mönchen so wichtig war auf ihrem Weg der Verwandlung: die Demut. Die Demut ist für sie der Mut, sich für die Gottesliebe zu öffnen. Das erlaubt zugleich, sich so schwach und mangelhaft zu sehen, wie man wirklich ist. Therese kann ihr emotionales Chaos, ihre Leidenschaften, ihre infantilen Bedürfnisse anschauen. Aber sie klagt sich nicht mehr dafür an, sondern lässt in alle

Bedürfnisse, Leidenschaften und Emotionen Gottes Liebe strömen. Sie verurteilt sich nicht mehr wegen ihrer Schwächen, sondern sie deckt sie gerade auf. Mit jeder aufgedeckten Schwäche wird gleichsam ein Staudamm in ihrer Seele geöffnet für die Gottesliebe. »Jede neu aufgedeckte Schwäche erlaubt den Zugang zu einem noch unbekannten und tieferen Tal in der eigenen Seele, wo die Gottesliebe wie Wasser hineinströmen kann.« (Vgl. Jotterand, S. 47f.) Das führt zu einer Verwandlung der Emotionen in Dankbarkeit, in Liebe und in Freude.

5. Männliche und weibliche Stärken integrieren

Gefühle zulassen, nicht ausleben

Was unser Blick in die von Männern und Frauen auf eigene Weise geprägte spirituelle Tradition gezeigt hat: Es geht immer darum, Emotionen und Leidenschaften zuzulassen. Aber das heißt nicht, sie auszuleben oder sich von ihnen beherrschen lassen. Es braucht Achtsamkeit, aber auch Mut und Stärke, sich den eigenen Schwächen ehrlich zu stellen und sie vor anderen zuzugeben. Der Umgang mit Emotionen ist aber keine weiche Sache. Er braucht also auch unseren Kampfgeist. Man muss verletzbar werden, um den anderen die eigene Schwäche zu zeigen. Nur wenn man wirklich stark genug ist, hat man keine Angst vor der eigenen Schwäche und vor dem Verletztwerden.

Männer und Frauen: Missverständnisse und Vorwürfe

Frauen erleben Emotionen intensiver. Und sie kämpfen nicht aggressiv dagegen an. Sie tendieren vielmehr dazu, in sie hineinzugehen und sie von innen her zu verwandeln. Männer fühlen sich dadurch nicht selten verunsichert. Sie verstehen die Emotionalität der Frauen nicht, wehren sie oft ab oder entwerten sie mit dem pauschalen Vorwurf, sie seien zu irrational und ließen sich zu sehr von Emotionen leiten. Männer, die selber unsicher sind im Umgang mit Gefühlen, kritisieren oft die Frauen, die zu ihren Emotionen stehen. Frauen haben dagegen den Eindruck, dass sich Männer gerne hinter ihren rationalen Argumentationen verstecken und Angst haben, ihre eigenen Gefühle zuzugeben.

Ein Beispiel, das auch durch Gesundheitsstatistiken belegt ist: Den Zusammenhang von Emotion und Krankheit nehmen Frauen bekanntlich sensibler wahr und eher ernst als Männer. Männer wehren sich gegen die Krankheit entweder, indem sie sie gar nicht beachten, oder aber, indem sie sich mit Medikamenten fit halten. Frauen spüren sich mehr in die Krankheit hinein und fragen sich eher, was die Krankheit ihnen sagen will.

Ein anderes, konkretes Beispiel aus dem Alltag: Da hat eine Frau die Wände ihres Flurs neu dekoriert und sie freut sich schon darauf, das Ergebnis ihrer Mühen ihrem Mann zu zeigen, wenn er am Abend von der Arbeit heimkommt. Doch der hatte einen schlechten Tag in der Firma. Er kommt also heim und beginnt sofort über seinen Chef zu schimpfen – und sieht gar nicht, was seine Frau getan hat. Konsequenz: Die Frau ist tief verletzt. Der Mann wollte die Frau nicht verletzen. Aber sie macht keinen Unterschied zwischen dem äußeren Verhalten des Mannes und ihrer Emotion, die als Folge in ihr auftauchte. Wir sollen unsere Emotionen also gut beobachten, aber auch unterscheiden, ob sie uns von außen aufgedrängt werden oder ob sie von innen kommen. Wir reagieren auf das äußere Verhalten eines anderen Menschen. Aber es ist unsere eigene Reaktion, unsere eigene Emotion. Nur wenn wir das beachten, können wir »Verknotungen« in unseren emotionalen Reaktionen auflösen, dem Partner unser eigenes Verhalten verständlich machen und mit ihm klären, was seine Emotion ausgelöst hat und warum wir selber in einer bestimmten Weise emotional reagiert haben.

Konflikte zwischen Mann und Frau rühren oft aus diesem unterschiedlichen
Umgang mit Emotionen. Es geht, bei
Männern und Frauen, um eine Balance
zwischen Sensibilität und Distanz von Emotionen. So ist
es hilfreich, beide Sichtweisen zu integrieren. Männer und
Frauen können sich gegenseitig dadurch ergänzen, dass sie
durch die Stärke des anderen die eigene Schwäche zu
bewältigen suchen. Zwischen Sensibilität und Distanz gibt
es kein starres Gleichgewicht. Ich muss immer neu für
mich selbst einen guten Ausgleich finden. Ich kann mich
fragen: Verschließe ich mich, indem ich in Distanz zum
anderen gehe? Oder ist die Distanz nötig, um mich gut auf
ihn einzulassen, ohne mich von meinen Emotionen trüben
zu lassen? Entscheidend ist, dass ich durch Sensibilität und
Distanz den anderen und mich immer besser verstehen
und akzeptieren kann.

Es geht darum, beide Wahrnehmungsformen zu verbinden. Nach C.G. Jung sind emotionale Unberechenbar-
keiten die Folge, wenn der Mann seine *anima*, seine weibliche Seite verdrängt. Man kann das an manchen Chefs in
Firmen beobachten, die meinen, sie müssten nur ihre
männliche Seite zeigen. Wer männliche und weibliche
Seiten in sich zu integrieren vermag, wird auch freier.
Wenn wir z.B. aggressive Emotionen in uns wahrnehmen,
so sind sie oft ein Impuls, etwas anzupacken, einen Konflikt zu lösen, etwas besser zu organisieren. So können
Männer vom Umgang der Frauen mit ihren Emotionen
vieles lernen.

Der Umgang mit unseren Emotionen ist auch eine Chance für unsere Reifung. Es geht für uns alle, für Männer wie Frauen, darum, ein ganzer Mensch zu werden, also die männliche und weibliche Seite zu integrieren. C.G. Jung meint, ein Mensch wird nur ein ganzer Mensch, wenn er in sich *anima* und *animus*, seine weibliche und männliche Seite erkennt, annimmt und integriert. Männer und Frauen sollen sich so gegenseitig ergänzen und einander beistehen, dass ihre Emotionen verwandelt werden in eine Quelle von Kraft und von Liebe.

Integration: eine Chance für unsere Reifung

II. Damit das Leben leichter wird – negative Emotionen verwandeln

1. Lass dich nicht vom NEID zerfressen

Neid kennt jeder von uns. Ob wir wollen oder nicht, es taucht in uns Neid auf. Das zeigt uns schon die Bibel in vielen Geschichten. Die berühmteste erzählt *Ob wir wollen oder nicht, es taucht in uns Neid auf* von dem Brüderpaar Kain und Abel. Neid ist immer auf andere Menschen gerichtet. Wir beneiden jemand, der Eigenschaften hat, die wir selbst nicht besitzen und doch gerne hätten. Oder da wird uns jemand von anderen einfach vorgezogen. Das kann der eigene Bruder sein, wenn wir den Eindruck haben, dass die Eltern ihn mehr lieben. Nicht wir sind es, sondern er, der im Mittelpunkt steht und alle Aufmerksamkeit auf sich zieht. Überhaupt: Da gibt es im Leben die Glückskinder, denen alles in die Wiege gelegt und geschenkt wurde. Die privat und beruflich auf der Sonnenseite des Lebens stehen. Sie haben alles: Erfolg, Geld, Schönheit, Begabung. Glück, kluge Kinder und einen idealen Partner. Alles fliegt ihnen zu. Und wir? Uns fehlt das alles. Nichts geht so ganz glatt in unserem Leben. Ist das gerecht? Wir bemühen uns, gelassener zu sein. Und die anderen sind es einfach, souverän und mühelos. Wir strampeln uns ab im Job und stehen unter permanentem Wettbewerbsdruck. Und andere sind erfolgreich, leben in vollen Zügen, ziehen in der Karriere an uns vorbei. Ihnen fällt alles in den Schoß. Sie können einfach so frei leben, wie sie wollen. Das nagt im Herzen. Wir gönnen es ihnen nicht. Das ist Neid.

Ein Stich im Herzen: der unterdrückte Neid

Dabei ist es keine besonders extreme Reaktion, wenn jemand neidisch reagiert.

Wir sagen zwar: Jemand wird gelb oder grün vor Neid. Und drücken damit auch aus: Gesund ist das nicht. Aber nicht immer ist es einfach, den Neid in mir selber zu erkennen. Denn da geht es um den eigenen Stolz. Wer will sich schon gerne eingestehen, dass wir neidisch auf andere sind. Das würde ja bedeuten, wir wären kleinkariert. Wer will schon gerne ein missgünstiger »Neidhammel« sein? Wir ärgern uns vielleicht über uns selber und unsere scheelen Blicke und bemühen uns in wachen Momenten auch, dieses Gefühl zu unterdrücken. Aber wenn wir den Neid unterdrücken, wird er wie ein Stich in unser Herz. Dann trübt sich auch die Beziehung zum anderen. Oder ich merke, dass der unterdrückte Neid in mir »arbeitet«, ganz und gar Besitz von mir zu ergreifen droht, meinen Blick trübt. Dass ein latenter Groll mir auch den inneren Frieden raubt und mich der Umwelt gegenüber aggressiv macht.

Neid, Missgunst und Sich-Vergleichen hängen zusammen

Neid ist Missgunst. Wir gönnen dem andern seinen Erfolg, seine Beliebtheit nicht. Solcher Neid hängt mit dem Sich-Vergleichen zusammen. Ich vergleiche mich mit anderen und werde neidisch, wenn ich das Gefühl habe, im Vergleich zu ihnen schlechter abzuschneiden, benachteiligt zu sein, nicht genügend berücksichtigt zu werden. Neid ist immer ein Zeichen, dass ein Mensch mit sich nicht zufrieden ist. Je dankbarer und zufriedener jemand ist, desto weniger neidisch ist er.

Neid tut mir nicht gut. Wie kann ich damit umgehen? Und vor allem: Wie werde ich nun den Neid los? In ihm steckt ja auch eine Kraft. Und es gilt, diese Kraft zu entdecken und sie positiver einzusetzen, z. B. ihn in Ehrgeiz zu verwandeln, an mir zu arbeiten und weiterzukommen. Verwandlung heißt ja immer: diese meine Emotion annehmen und sie in positive Kraft verwandeln.

Ich möchte einige Wege beschreiben, die zu diesem Ziel führen können. Der erste Weg besteht darin, dass ich meinen Neid zunächst einfach einmal zugebe. *Neid zugeben. Und zu Ende denken*
Ich gestehe mir ein: Ja, ich bin bedürftig. Ich möchte auch so sein wie der oder jene, ich möchte das haben, was der oder jene hat. Ich möchte genauso im Mittelpunkt stehen wie der oder jene. Ich gestehe mir diese Bedürftigkeit ein und halte sie Gott hin. Es verlangt Demut, sich einzugestehen: Ja, trotz aller Spiritualität bin ich neidisch, bin ich bedürftig. Ich lasse aber Gottes Liebe in meine Bedürftigkeit hineinfließen. Dann wandelt sich mein Neid. Mitten im Neid spüre ich dann die Liebe Gottes. Ich fühle mich bedingungslos geliebt. Das löst den Neid auf in die Erfahrung inneren Friedens.

Der zweite Weg: Ich stelle mir all die Menschen vor, auf die ich neidisch bin. Und ich frage mich: Wenn ich das hätte, was jener oder jene hat, wenn ich so wäre wie die oder der, wenn ich so im Mittelpunkt stünde wie der oder jene, wäre ich dann glücklich? Was macht mich wirklich glücklich? Nicht das, was ich habe, macht mich glücklich, sondern indem ich bin, wer ich bin, finde ich inneren Einklang. Es geht nicht um das Haben, sondern um das Sein. Der Neid lädt mich ein, vom Haben zum Sein überzugehen.

Eine Einladung zu Der dritte Weg ist ähnlich: Ich stelle mir
Dankbarkeit vor, dass ich alles habe und bin, was ich
bei anderen beobachte. Und dann frage ich mich: Wenn ich all das hätte, wäre ich dann wirklich ich selber? Oder wäre ich dann ein Monster, ein Konstrukt, aber kein lebendiger Mensch?

Indem ich den Neid zulasse und zu Ende denke, kann er sich in Dankbarkeit wandeln. Ich bin dankbar für mich und für mein Leben. Ich sehe auf mich mit neuen Augen. Auf einmal entdecke ich, was Gott mir alles geschenkt hat. Und zur Dankbarkeit kommen dann zugleich die Zufriedenheit und die Beschränkung auf mich. Ich bin dieser begrenzte Mensch, der aber doch von Gott beschenkt worden ist.

Hilft eine solche Übung, wie ich sie in dem dreifachen Weg beschrieben habe, im Umgang mit dem eigenen Neid? Ich kann da auch von meiner eigenen Erfahrung mit dieser Emotion berichten: Natürlich fällt es mir heute leichter, den Neid zu überwinden, der trotz Erfolg immer wieder einmal in mir aufsteigt, wenn jemand anderes erfolgreicher ist. Der Erfolg hat mich nicht vom Neid befreit. Er ist nur eine Hilfe, gelassener mit dem Neid umzugehen. Was ich als Methode beschrieben habe, habe ich früher selber ausprobiert. Ich schreibe meine Bücher immer zuerst für mich, damit ich mir selbst einen Weg zurechtlege, wie ich mit den Emotionen umgehen kann. Beim Schreiben wird mir auch deutlicher, was mir selbst hilft. Natürlich genügt es nicht, diese Übung einmal zu machen und zu meinen, dann wäre mein Neid schon für immer verwandelt. Der Neid wird immer wieder auftauchen. Aber wenn er auftaucht, soll ich nicht gegen ihn kämpfen, ihn nicht unterdrücken, sondern entweder Gott hinhalten oder auf die beiden beschriebenen Weisen zu Ende denken. Der Neid wird dann immer wieder zur Einladung, ganz ich selber zu werden und dankbar zu sein für meine eigene Identität.

Die Voraussetzung, dass sich der Neid wandeln kann, ist, dass ich ihn nicht bewerte. Wenn ich mich selbst verurteile, weil ich neidisch bin, wird der Neid an mir hängen bleiben. Er wird in mir ein schlechtes Gewissen erzeugen und mich nach unten ziehen. Es geht darum, den Neid, ohne zu werten, anzuschauen und mit ihm in Freiheit umzugehen. So haben es übrigens auch die frühen Mönche praktiziert, die ja Meister waren im Umgang mit negativen Gedanken und Leidenschaften. Sie haben immer die positive Kraft, die in den Leidenschaften steckt, herausgezogen, damit sie sie auf ihrem geistlichen Weg stärkt.

Was ist, wenn der missgünstige Blick uns selber trifft? Wie können wir dann reagieren? Auf keinen Fall sollte man *Wenn wir merken, dass andere auf uns neidisch sind* sich selber klein machen, damit die anderen nicht mehr neidisch auf einen sind. Das hilft keinem weiter. Ich rate in einer solchen Situation: Du sollst dich nicht in den Mittelpunkt stellen und den anderen unnötig Anlass zum Neid geben. Aber du sollst dich auch nicht verstecken. Lebe dein Leben und deine Fähigkeiten, so gut es geht. Und den Neid lass bei den anderen. Mit dem müssen sie selbst umgehen. Wichtig ist, dass du dich unabhängig von ihrem Neid machst.

Und was sollten wir tun, wenn es nicht beim neidischen Blick bleibt? Wenn andere mir gegenüber auch aggressiv werden? Davon handelt die alte Geschichte von Kain und Abel aus der Bibel. Der Kern dieser Geschichte für die Antwort auf unsere Frage ist: Wer einfach passiv bleibt, dem ergeht es wie Abel, den Kain erschlagen hat. Kain war Ackerbauer und Abel Schafhirt. Kain hatte das Gefühl, dass Gott das Opfer des Abel mehr liebe als sein eigenes Opfer. Neid kam auf. Die Bibel beschreibt, wie dieser Neid sich leibhaftig äußert: »Da überlief es Kain ganz heiß, und sein Blick senkte sich.« (Gen 4,5) Gott fragt den Kain und fängt ein Gespräch mit ihm an: »Warum überläuft es dich heiß, und warum senkt sich dein Blick? Nicht wahr, wenn du recht tust, darfst du aufblicken; wenn du nicht recht tust, lauert an der Tür die Sünde als Dämon. Auf dich hat er es abgesehen, doch du werde Herr über ihn!« (Gen 4,6f.) Der Neid lässt den Menschen mit einem finsteren Blick herumlaufen. Und der Mensch wagt es nicht, aufzuschauen. Denn dann müsste er Gott seine Wahrheit zeigen. Gott nennt den Neid einen Dämon, der es auf Kain abgesehen hat. Aufgabe des Kain wäre, Herr über den Dämon zu werden, also mit ihm zu ringen, bis er sich in Kraft verwandelt. Kain lässt sich vom Neid beherrschen und erschlägt seinen Bruder Abel. Doch der Mord macht ihn nicht glücklich. Ruhelos muss er fortan durch die Welt wandern.

Die Geschichte sagt aber auch: Abel kommt auch deswegen um, weil er sich nicht vor dem Neid des Kain schützt. Wir sollten uns aber schützen. Die Frage ist, wie das geht. Für mich ist es eine Hilfe, dass ich beim Neid des anderen gut bei mir bleibe. Ich reize ihn nicht, reagiere nicht, sondern ich bleibe bei mir. Ich habe einen Schutzschild, den ich zwischen mich und den neidischen Menschen halte.

Die Geschichte von Kain und Abel hat noch einen weiteren, besonderen Aspekt. Sie handelt von Geschwistern: Bei den Geschwistern ist es besonders *Ein besonderer Fall: Geschwisterneid* schwierig, mit dem Neid der anderen umzugehen. Oft spielt die Haltung der Eltern eine entscheidende Rolle, dass es zum Neid zwischen den Geschwistern kommt. Wenn sie ihre Kinder nicht gerecht behandeln, sondern einige benachteiligen, dann entsteht immer Neid. Eltern sollten sich also darum bemühen, niemanden vorzuziehen oder zu benachteiligen.

Ein Beispiel von Geschwisterneid erzählt uns Jesus in dem berühmten Gleichnis vom verlorenen Sohn. Der jüngere Sohn lässt sich sein Erbteil ausbezahlen und geht in die Welt, um das Leben in vollen Zügen zu genießen. Doch er landet damit bei den Schweinen und leidet Hunger. Er kehrt reumütig zurück und sein Vater freut sich so über die Rückkehr seines verlorenen Sohnes, dass er ein fröhliches Fest feiert. Doch der ältere Bruder, der daheim geblieben ist, der treu auf dem Hof gedient hat, wird zornig. Er ist neidisch auf den jüngeren Bruder. Der hat sein Leben in vollen Zügen gelebt. Und jetzt wo er als gescheiterter Mann zurückkommt, wird er auch noch so gut aufgenommen. Der ältere Bruder wirft dem Vater voller Zorn vor, dass er ihm doch sein Leben lang gedient habe. Aber der hat mit ihm nie ein Festmahl gehalten und dafür extra das Mastkalb geschlachtet. Er macht den jüngeren Bruder nieder und distanziert sich von ihm. Er will mit ihm nichts zu tun haben: »Kaum ist der hergekommen, dieser dein Sohn, der dein Vermögen mit Dirnen durchgebracht hat, da hast du für ihn ein Mastkalb geschlachtet.« (Lk 15,30) Der Vater wendet sich liebevoll an den älteren Sohn: »Mein Kind, du bist immer bei mir, und alles was mein ist, ist auch dein.« (Lk 15,31) Aber mit all seiner Liebe scheint er den Neid des Bruders nicht zu überwinden. Zumindest lässt es Jesus offen, ob der Vater den Neid des Bruders zu verwandeln vermag. Hier geht es um den typischen Geschwisterneid, den wir auch heute häufig kennen. Der eine hat den Eindruck, dass der andere bevorzugt wird. Alles Bemühen, beim Vater durch Rechtschaffenheit anzukommen, geht ins Leere. Der Sohn, der dem Vater am meisten Sorgen bereitet, wird zuletzt noch bevorzugt. Der ältere Sohn weigert sich, sich vorzustellen, welche Not der jüngere Sohn durchlebt hat. Er ist ja bei den Schweinen gelandet. Das ist für die Juden das Letzte und Niedrigste, was einem Menschen widerfahren kann.

Der Neid kreist egoistisch nur um sich selbst. Er weigert sich, sich in den anderen hineinzudenken oder mit ihm zu fühlen. Der Neidische sieht nur, was der andere hat und er selbst nicht. Daher braucht gerade der Neidische die besondere Zuwendung. Für die Erziehung bedeutet das, dass die Eltern den Neid von Geschwistern als Alarmsignal sehen sollen, dass sich da jemand zu wenig wahrgenommen fühlt. Weil der Neidische auch die Zuwendung Gottes braucht, um von seiner Fixierung auf das eigene Ego loszukommen, schlage ich folgendes Ritual vor.

Ritual

Stelle dich vor Gott und halte ihm deine Hände in Form einer Schale hin. Halte ihm deine offenen Hände hin und in diesen Händen deinen Neid. Du möchtest, dass Gott dir alles in die Hände legt, was die Menschen haben, auf die du neidisch bist. Dann stelle dir vor, dass deine Hände das gar nicht tragen könnten, wenn Gott dir alles in die Hände legen würde. Und dann frage dich, was er dir schon in die Hand gelegt hat, welche Fähigkeiten er dir gegeben hat. Er hat dir Kraft und Zärtlichkeit, Kreativität und Sensibilität in die Hand gelegt. Und stelle dir vor, was deine Hände schon alles geschaffen haben. Und dann sei dankbar für deine Hände. Es sind deine eigenen ursprünglichen Hände, die unvergleichlich sind mit den Händen anderer. Danke Gott für deine Hände und für alles, was Gott durch deine Hände schon gewirkt hat, und für das, was er dir in deine Hände gelegt hat.

2. Die positive Kraft in WUT UND ZORN

Wut zeigt oft, dass etwas schiefläuft

»Da kann man richtig wütend werden!« Das Gefühl kennen viele. Da ist etwa im Büro etwas schiefgelaufen und der Chef schiebt alle Schuld auf einen, der gar nichts dafür kann – nur um vor seinen Vorgesetzten gut dazustehen. Da hat man Urlaub – und will sich entspannen und um die Familie kümmern und wird durch einen Anruf aus dem Büro rücksichtslos gestört. Aber nicht nur im Privaten gibt es das: »Wutbürger« wurde in der Vergangenheit sogar zum »Wort des Jahres« gekürt. Menschen drücken Enttäuschung und Protest voller Empörung, lautstark und öffentlich aus, wenn sie generell nicht einverstanden sind mit den Maßnahmen des Staates oder einer Behörde und Veränderung erzwingen möchten. Sie tun es, indem sie auf die Straße gehen oder sich im Internet austauschen. Politiker und andere Menschen in der Öffentlichkeit erzählen immer öfter davon, dass Wut in blinden Hass und destruktive Aggressivität umschlägt und das Klima vergiftet. Auch die Reaktionen sind verschieden. Die einen steigern sich in die Wut hinein, rasten aus, explodieren, verlieren jede Kontrolle und schlagen wild um sich. Die anderen implodieren eher und beschädigen sich selbst.

Der Zorn Jesu: Was sagt die Bibel?

Sicher gibt es eine berechtigte Wut. Die Wut zeigt oft, dass etwas schiefläuft. Sanftmut ist zwar eine christliche Tugend. Das stimmt. Aber nicht immer ist sie die angemessene oder gar verständliche Reaktion. Und dass Zorn und Wut zum Menschsein gehören, finden wir auch in der

Bibel. In den Psalmen zum Beispiel ist immer wieder von Wut und Zorn die Rede. Die Beter sind oft zornig, weil sie von irgendwelchen Feinden bedrängt werden oder von Frevlern ausgetrickst werden, und sie scheuen sich nicht, diese Emotion auch vor Gott hinzutragen.

Auch Jesus war manchmal zornig. Er hat die Händler aus dem Tempel vertrieben, weil sie da mitten im Heiligen Geschäfte gemacht haben. Der Zorn hat ihm die Kraft gegeben, ganz allein die vielen Händler herauszuwerfen. Und es gibt noch eine andere Geschichte, in der vom Zorn Jesu die Rede ist. Jesus will einen Mann heilen, der eine verdorrte Hand hat. Das ist ein Bild für einen Mann, der sich angepasst hat, weil er sich die Finger nicht verbrennen will. Die Pharisäer beobachten Jesus genau, ob er am Sabbat heilen würde. Denn das war an diesem Tag verboten. Da schaut Jesus die Pharisäer einzeln der Reihe nach an und zwar »voll Zorn und Trauer über ihr verstocktes Herz« (Mk 3,5). Der Zorn befreit Jesus vom Einfluss der Pharisäer. Er lässt sich von ihnen und ihrer Herzenshärte nicht davon abhalten, das zu tun, was er für richtig hält. Jesus schreit die Pharisäer nicht an. Sein Zorn ist vielmehr die Distanzierung von ihnen: »Da seid ihr mit eurer Herzenshärte. Aber ich bin hier. Und ich tue das, was ich für richtig halte, was für mich stimmt.« Der Zorn wird für Jesus zur Kraft, das zu tun, was seinem Wesen entspricht. Doch Jesus verbindet den Zorn mit der Trauer. Er fühlt sich in die Pharisäer hinein. Er reicht ihnen gleichsam die Hand. Er distanziert sich von ihnen, um auf einer anderen Ebene eine neue Beziehung aufzubauen. Doch die Pharisäer nehmen dieses Angebot nicht an. Sie beschließen, Jesus zu töten. (Vgl. Mk 3,6)

Was passiert,
wenn wir in Zorn
geraten?
Wenn ich diese Geschichte anschaue, dann entdecke ich zwei verschiedene Arten von Zorn. Bei Jesus führt der Zorn zu Vernunft und Gerechtigkeit. Bei den Pharisäern führt der Zorn zur zerstörerischen Aggression. Sie wollen Jesus töten. Der Zorn wird immer dann zerstörerisch, wenn wir den Augenblick, in dem der Zorn auftritt, nicht gut durchstehen. Dann explodieren wir und haben uns nicht im Griff. Der Zorn hat vielmehr uns im Griff. Die Frage ist, wie wir in diesem ersten Augenblick mit dem Menschen umgehen können, der uns gerade so geärgert hat.

Wichtig ist zunächst, sich einzugestehen, dass ich mich nicht immer im Griff haben kann. Aber ich kann doch versuchen, eine vergangene Situation, in der die Wut in mir hochkochte, nochmals zu analysieren: Was ist da passiert? Wie war meine Stimmung vor dem Explodieren? Was war der Auslöser, dass ich so aggressiv geworden bin? Wenn ich verstehe, was da abgelaufen ist, kann ich das nächste Mal achtsamer auf die gleichen Auslöser reagieren. Und ich sollte mich gerade dann, wenn ich weiß, dass ich empfindlich reagieren könnte, vorher auf die Situation vorbereiten und gut bei mir sein.

Eine hilfreiche
Vorstellung
Eine Hilfe dabei ist auch die folgende Vorstellung: Wie würde ich in dieser Situation denn reagieren, wenn ich ganz bei mir selber wäre, wenn ich ganz im Frieden wäre mit mir? Mir hat diese Vorausmeditation geholfen, gelassen zu reagieren, wenn z. B. ein Mitbruder aggressiv an meine

Tür geklopft hat. Das laute Klopfen hat mich wieder an meine Meditation erinnert, in der ich ganz bei mir war.

Aber es gibt natürlich auch das: Man leidet unter dem eigenen Zorn, ärgert sich, dass einen die Wut den ganzen Abend beherrscht, dass man keinen Abstand zu dieser inneren Erregung findet. Wie soll man mit einer solchen Situation umgehen?

Auch da geht es nicht darum, die Wut zu unterdrücken. Aber ich kann sie auch nicht einfach ausleben. Denn dann schade ich anderen Menschen. Es geht wieder darum, die große Energie zu sehen, die in der Wut steckt und diese Energie in eine positive Kraft zu verwandeln. Denn diese Energie brauchen wir für unser Leben. Diese Energie erkennen wir, wenn wir unseren Zorn befragen.

Die erste Frage wäre: Ist mein Zorn denn wirklich berechtigt? Rebelliert er gegen etwas, was mich selbst und den Menschen am Leben hindert? Oder ist *Den Zorn befragen: Eine Hilfe, die das Leben fördert* er nur Ausdruck eines verletzten Egos, das zornig reagiert, weil seine infantilen Wünsche nicht erfüllt werden? Im ersten Fall geht es darum, die Wut in eine angemessene Strategie zu verwandeln, für das einzutreten, was das Leben fördert. Im zweiten Fall ginge es darum, uns von unseren infantilen Wünschen zu verabschieden.

Eine junge Polizistin erzählte mir, dass manche älteren Leute, die ihre Großväter oder Großmütter sein könnten, wütend auf sie reagieren und sie wüst beschimpfen, wenn sie sie bei einer Autokontrolle anhält und befragt. Sie wollen einfach immer unbehelligt bleiben. Dass die Polizei nicht aus Willkür kontrolliert, sondern um Leben zu schützen, das übergehen diese »Wutbürger«. Sie setzen die eigenen infantilen Wünsche absolut.

Ich habe sie gefragt, wie sie reagierte: Sie berichtete, dass diese Konfrontation sie selber wütend gemacht hat. Sie brauchte die Wut, um sich vor den Beschimpfungen innerlich zu schützen. Die Wut ist in einer solchen Situation wie ein Schild, den ich vor mich halte, damit die Angriffe des anderen mich nicht erreichen. Wenn ich die Wut auf diese Weise in Kraft verwandle, dann tut sie mir gut.

Zorn sollte also in eine klare Kraft oder Energie verwandelt werden. Aber diese Kraft richtet sich nicht gegen die anderen. Ich kämpfe nicht gegen andere. Ich schütze mich vielmehr selber. Wenn der Zorn mich vor einem Angriff schützt, dann sollte ich durch meinen Zorn hindurch in den inneren Raum der Stille vordringen, der weder vom Zorn noch von den Angriffen der anderen betreten werden kann. Nicht jeder kann das.

Aussteigen aus der Opferrolle. Wie Wut zur Schutzkraft wird Manche ziehen sich zurück und tendieren dazu, sich als Opfer fühlen. Aber sie tun nichts. Sie beschweren sich, jammern – und bleiben in ihrem Jammern stecken. Sie pflegen ihre Ohnmacht, statt aktiv zu werden und sich zu wehren. In ihrer Opferrolle empfinden sie: Schuld daran, dass es ihnen schlecht geht, sind immer die anderen.

Manchmal werden wir freilich tatsächlich auch Opfer von Verletzungen oder Verleumdungen. Es ist zwar wichtig, das Opfersein anzunehmen, also unsere Situation realistisch zu sehen. Aber wir dürfen nicht in der Opferrolle bleiben. Und da ist die Wut ein guter Weg, aus der Opferrolle auszusteigen. Es geht dann darum, die Wut in Ehrgeiz zu verwandeln, um sein Leben selbst in die Hand zu nehmen.

Im Gespräch mit der Wut geht es darum, das Motiv hinter der eigenen Wut zu erkennen. Dann werde ich entdecken, dass meine Wut oft Reaktion auf mein Minderwertigkeitsgefühl ist oder einer inneren Unsicherheit entspringt. Aber man sollte nicht beim Jammern darüber stehen bleiben: Besser ist, ich nehme die Wut als eine aktive Energie, die mich mit meiner inneren Kraft in Berührung bringt, damit ich mein Leben selbst in die Hand nehme und aufrecht meinen Weg gehe. Die Wut motiviert mich, dass ich mein Leben nicht von anderen kaputt machen lasse. Ich werfe die, die mir schaden, aus mir heraus. Ich erteile ihnen gleichsam Hausverbot. In meinem Haus denke ich nicht über sie nach. Die Wut wird so in eine Kraft verwandelt, die mein inneres Selbst schützt. Sie wehrt sich gegen das, was mein Leben behindert und beeinträchtigt. Dann rase ich nicht blind vor Wut. Sondern ich verwandle die Wut in eine sehende Aggression. Das ist eine Kraft, die genau hinschaut, um zu unterscheiden, was mir zum Leben dient und was mich am Leben hindert.

Wer die Gründe für seine Wut nicht erkennt und klar sieht, der steht in Gefahr, weiter an der Ausrede festhalten: »Da kann man halt nichts machen.« Das ist ein Zeichen von Schwäche. Wichtig ist auch hier der Grundsatz: Ich kann nur verwandeln, was ich angenommen habe. Nur wenn ich meine Wut, mit all den Gründen für diese meine Wut, annehme, kann ich sie in eine gute Energie verwandeln. Eine Energie ist dann gut, wenn sie mich dazu bringt, etwas anzupacken und zu lösen, anstatt weiterhin zu jammern.

Hilfe im Gebet:
Der Weg des
Psalmisten
Natürlich gelingt es mir selber auch nicht immer, meinen Zorn in Kraft zu verwandeln. Aber ich sehe im Psalmengebet zumindest eine Hilfe. Die Psalmen zeigen uns ja konkret, wie die Verwandlung von Zorn und Wut in Vertrauen und Jubel geht. Der Psalmist drückt seine Wut über seine Feinde aus, die ihn bekämpfen. Aber er wendet sich mit seiner Wut an Gott. Und er überlässt ihm die Reaktion auf die Frevler. Er schlägt in seiner Wut nicht auf seine Feinde ein, sondern vertraut darauf, dass Gott ihm Recht verschafft. Der Psalmist kann seine Wut in deftigen Bilder ausdrücken: »In Schmach und Schande sollen alle fallen, die mir nach dem Leben trachten ... Ihr Weg soll finster und schlüpfrig sein; der Engel des Herrn verfolge sie.« (Ps 35,4.6) Doch dann wendet sich der Beter an Gott und preist ihn für sein Erbarmen: »Alle sollen sich freuen und jubeln, die wünschen, dass ich im Recht bin. Sie sollen jederzeit sagen: Groß ist der Herr, er will das Heil seines Knechtes.« (Ps 35,27) Das Beten selbst ist hier ein Weg, alle Gefühle wie Wut und Zorn vor Gott zum Ausdruck zu bringen. Schon allein das Aussprechen der Wut kann sie verwandeln. Vor allem aber wird sie verwandelt durch den Blick auf Gott. Ich kann Gott nicht einfach benutzen, dass er für mich kämpft. Ich muss vielmehr Gott

das Urteil überlassen. Und ich drücke ihm gegenüber meine Bitte aus, dass er mich nicht allein lässt, sondern mir hilft. Die Wut wird dann in Vertrauen und Jubel verwandelt, aber in einen kraftvollen Jubel, der noch die Kraft der Wut in sich hat.

Ritual

Versuche einmal ganz konkret das nachzumachen, was die Psalmen dir zeigen. Stelle dir vor: Du stehst vor Gott und schimpfst jetzt auf einen Menschen, der dich verletzt hat. Du sagst vor Gott zehn Minuten laut alle Schimpfworte, die dir diesem Menschen gegenüber einfallen. Du erlaubst dir einmal, alle aggressiven und verletzenden Worte vor Gott diesem Menschen gegenüber auszusprechen. Du wirst spüren, dass das gar nicht geht. Wenn du dir erlaubst, alle Schimpfworte zu sagen, bleiben dir manche im Halse stecken. Vor allem, weil du sie vor Gott aussprichst. Und wenn dir doch einige Schimpfworte herausgekommen sind, wirst du nach einiger Zeit gerade das Gegenteil von Wut und Zorn spüren. Deine Wut wird sich in Liebe wandeln. Auf einmal bekommst du vielleicht zärtliche Gefühle dem gegenüber, auf den du vorher so geschimpft hast.

3. Was dir dein ÄRGER sagen will

Unangenehme Erfahrungen und unangenehme Folgen »Mensch ärgere dich nicht«, das sagt sich leicht. Und nicht immer ist es ein harmloses Spiel, bei dem Erwachsene und Kinder das Verlieren lernen können. Jeder ärgert sich zudem anders. Der eine versteckt es oder schluckt den Ärger hinunter. Andere werden giftig. Oder sie »platzen«. Die Sprache sagt es schon: Die Anlässe können ganz verschieden sein, sie können so zufällig sein wie das Leben und oft genug sind sie geringfügig. Ein Beispiel: In einer Sitzung spielt sich ein Kollege immer wieder in den Vordergrund und macht sich vor dem Chef wichtig – eine Inszenierung ohne Gehalt. Oder da kommt eine Freundin, mit der ich verabredet bin, zu spät. Und das ist nicht das erste Mal. Auch die Bahn gibt regelmäßig Anlass: Der Zug fährt unpünktlich ab, auch wenn es vielleicht nur ein paar Minuten sind. Und irgendeiner schreit dann Belanglosigkeiten in sein Handy. Oder der Nachbar zu Hause mäht mitten in der Mittagspause seinen Rasen. Und gerade, wenn ich mich konzentrieren will. Es lärmen und toben Kinder im Garten vor meinem Fenster, wo ich doch meine Ruhe haben will. Oder ich wollte doch eigentlich abnehmen, und bin dann vor dem Kühlschrank doch wieder schwach geworden. Einfach nur ärgerlich! Manche bekommen sogar Magengeschwüre – und schieben es auf den Ärger.

Ärger wird nicht nur durch unangenehme Erfahrungen ausgelöst. Er kann auch unangenehme Folgen haben. Wenn wir den Ärger nicht verwandeln, sucht er sich andere Wege, sich auszudrücken. Das muss nicht unbedingt gleich ein Magengeschwür sein. Auch in einem Schnupfen kann er sich manifestieren. Wir sagen dann ja auch: Ich bin verschnupft. Ich habe die Nase voll. Mir reicht es! Jeder von uns kennt solche Situationen, und jeder kennt den Ärger. Aber wie gehen wir damit um? Haben wir überhaupt eine Chance, Ärger zu vermeiden? Und wenn nicht: Gibt es Wege, sich vom Ärger zu befreien? Wie gesagt: Es kommt darauf an, nicht in diesem Gefühl zu baden. Meistens kommen die Dinge, die mich ärgern, von außen. Wir sollten also auch diese Emotion zunächst einmal von den äußeren Bedingungen trennen und sie genauer wahrnehmen. Nur so ist auch hier eine Verwandlung möglich.

Der *erste Schritt* ist, sich den Ärger ein-   *Den Ärger*
zugestehen und ihn sich anzuschauen.   *anschauen und mit*
Ich soll den Ärger nicht bewerten. In mir   *ihm sprechen*
steigt einfach Ärger auf, ob ich jetzt will
oder nicht. Es gehört zur Demut, vor mir selbst zuzugeben, dass ich mich jetzt ärgere.

Der *zweite Schritt* ist dann, mit meinem Ärger ein Gespräch anzufangen. Und bei diesem Gespräch mit dem Ärger können wir bewusst unterscheiden zwischen den äußeren Umständen für meinen Ärger und meiner persönlichen Reaktion. Ich kann mich dann fragen: Warum eigentlich reagiere ich auf diesen Umstand oder diese Person jetzt ärgerlich? Warum habe ich mich für den Ärger entschieden? Ich frage mich dann: Was ärgert mich wirklich am anderen? Ist es sein Zu-spät-Kommen? Oder ist es mein Gefühl, nicht ernst genommen zu werden? Oder bin ich heute allgemein schon ärgerlich, weil etwas anderes schiefgelaufen ist? Und deshalb ärgert mich jetzt das Zu-spät-Kommen besonders. Wenn es mir gut geht, kann ich es vielleicht gelassener nehmen. Ist also der Ärger ein Zeichen, dass ich meine innere Stimmung einmal genauer anschauen sollte? Wie geht es mir momentan? Bin ich zufrieden mit mir selbst? Ein solches aktives Gespräch mit dem Ärger bedeutet, dass ich schon in Distanz bin zu meiner Emotion. Manche führen auch Selbstgespräche voller Ärger. Das ist etwas anderes und nicht ein Gespräch mit dem Ärger, wie ich es vorschlage. Vielmehr führt der Ärger selbst das Gespräch. Man steigert sich dann in den Ärger hinein. Man möchte dem, der einen geärgert hat, alles Mögliche an den Kopf werfen. In solchen Selbstgesprächen hat der Ärger Macht über uns und beeinflusst unsere Stimmung. Und letztlich hat der, über den ich mich geärgert habe, in solchen Selbstgesprächen Macht über mich. Er beschäftigt mich noch lange über die konkrete ärgerliche Erfahrung hinaus, die der Anlass war.

Was sagt der Ärger über mich selber aus? Der *dritte Schritt*: Ich frage mich, was der Ärger über mich selbst aussagt. Hermann Hesse sagt einmal: »Was nicht in uns ist, das regt uns auch nicht auf.« Erinnert mich der andere an Seiten in mir, die ich nicht annehmen kann? Wenn ich mich z. B. aufrege, dass jemand sich ständig in den Mittelpunkt stellen muss, dann kann ich mich fragen, ob in mir nicht eine ähnliche Tendenz vorhanden ist. Vielleicht verdränge ich diese Tendenz und verhalte mich gerade ganz anders. Ich bin bescheiden und zurückhaltend. Aber hinter dieser Bescheidenheit steckt vielleicht doch der tiefe Wunsch, mehr beachtet zu werden. Dann ist der Ärger eine wichtige Quelle der Selbsterkenntnis. Ich nehme den Menschen, über den ich mich ärgere, als Spiegel, in dem ich meine eigene Wahrheit anschaue.

Der *vierte Schritt* kann darin bestehen, eine angemessene Reaktion auf den Ärger in mir zu entwickeln. Der Ärger *Was sind angemessene Reaktionen?* ist eine Kraft, ein Impuls, etwas zu ändern. Diesen Impuls kann ich auf verschiedene Weise leben. Wenn ich mich ärgere, dass in meiner Firma etwas schiefläuft, dann kann ich die Energie des Ärgers nutzen, um andere Regelungen einzuführen. Ich rufe die Kollegen zusammen und bespreche mit ihnen, was schiefläuft, worüber ich mich ärgere. Und wir überlegen, wie wir die Situation verbessern können, wie wir andere Regelungen treffen können, damit nicht immer die gleichen Fehler passieren.

Wenn ich mich über einen Mitmenschen ärgere, dann gibt es zwei Möglichkeiten: Entweder ich spreche sein Verhalten an. Ich spreche mit ihm darüber, was mich an ihm ärgert. Dann gebe ich ihm die Möglichkeit, sich zu erklären. Manchmal kann das Gespräch schon den Ärger klären. Denn nun verstehe ich, warum der andere sich so verhält. Oder aber mein Ärger wird zur Herausforderung für den anderen, dass er an sich arbeitet und etwas an seinem Verhalten verändert. Wenn ich aber merke, dass der andere sich nicht ändern kann oder will, dann ist der Ärger eine Herausforderung für mich selbst, den anderen aus mir herauszuwerfen. Der Ärger zeigt, dass ich dem anderen zu viel Macht gebe. Der Ärger ist ein Impuls, mich vom anderen zu distanzieren, ihm keine Macht mehr zu geben. Der Ärger sollte dann zu einem Schutzschild werden, den ich vor mich halte, um mich zu schützen und den anderen nicht in mein Herz zu lassen. Denn ich spüre, dass mir das nicht gut tut.

Dass wir uns ärgern, können wir nicht ändern. Aber wie wir darauf reagieren, das liegt an uns   Und wenn wir uns immer wieder ärgern? Wenn das quasi Teil unserer Veranlagung ist? Charakteranlagen können wir nicht ändern. Aber wir können sie gestalten, sind ihnen also nicht nur einfach ausgeliefert. Die Reaktion auf die eigenen Impulse liegt immer wieder neu in unserer Hand. Allerdings können wir den spontanen Impuls des Ärgers kaum verhindern. Das geht meist zu schnell. Der Ärger steigt einfach in uns auf. Dass wir uns ärgern, das können wir also nicht ändern. Aber wie wir darauf reagieren, das liegt an uns. Wenn wir den ganzen Abend innerliche Selbstgespräche mit dem führen, der uns geärgert hat, dann geben wir ihm Macht, dann lassen wir unsere Stimmung von ihm bestimmen. Wenn wir den Ärger spüren, sollten wir ihn daher als Impuls nehmen, uns von der Macht des anderen zu befreien. Manchmal kann es eine Hilfe sein, jemandem innerlich Hausverbot zu erteilen. Wenn ich also merke, dass ich mich daheim über einen Arbeitskollegen ärgere, dann sage ich mir: So wichtig ist der andere nicht, dass ich mir von ihm meinen Abend verderben lasse. Ich erteile ihm Hausverbot: Daheim denke ich nicht über ihn nach. In meinem Haus hat er nichts zu suchen, auch in Gedanken nicht.

Wie es gelingt, den Ärger in gesunde Aggression zu verwandeln.   Ärger ist Aggression. Und die Aggression ist neben der Sexualität die wichtigste Lebensenergie, die uns zur Verfügung steht. Ohne Aggressionskraft werden wir depressiv. Daher kommt es darauf an, den Ärger in eine gesunde Aggression zu verwandeln.

Wenn ich den Ärger als Impuls nehme, etwas zu ändern oder das Verhalten des anderen mit ihm zu besprechen, dann wird der Ärger in Energie verwandelt. Der Ärger weckt in mir die Energie, wirklich etwas anzupacken. Das Wort »Aggression« kommt von »*aggredi*«: auf etwas zugehen, etwas anpacken, etwas lösen. Wenn ich den Ärger in mich hineinfresse, dann lähmt er mich und raubt mir die Energie. Wenn ich aber angemessen mit ihm umgehe, wird er für mich zu einer wichtigen Quelle der Energie.

Wie können wir die negative von der positiven Aggression unterscheiden? Wie können wir verhindern, dass die Aggression gewalttätig wird? Immer wenn wir unsere Aggression unterdrücken, äußert sie sich irgendwann einmal gewalttätig. Es geht darum, die Aggression erst einmal wahrzunehmen. Ich darf sie nicht einfach ausagieren. Denn dann hat die Aggression mich in ihrer Hand. Es geht darum, dass ich aktiv und bewusst mit der Aggression umgehe. Dann kann ich frei entscheiden, wie ich mit ihr umgehe, ob sie mich mehr schützen will vor anderen oder ob sie ein Impuls ist, etwas anzupacken und zu ändern. Dann würde die Aggression in eine positive Antriebskraft verwandelt. Wenn ich z. B. den Ärger als Impuls nehme, mich vom anderen zu distanzieren, ihn sozusagen aus mir herauszuwerfen, dann wird er in Freiheit verwandelt. Der Ärger zeigt mir, dass der andere eine Grenze von mir überschritten hat oder dass ich ihn eine Grenze habe überschreiten lassen. Der Ärger ist also ein Impuls, eine klare Grenze zu ziehen. Und die Grenzen, die ich ziehe, geben mir ein Gefühl von Freiheit. Innerhalb der Grenzen, die ich für mich gesteckt habe, kann ich frei leben.

Nicht ändern, nicht bekämpfen, sondern verwandeln Auch beim Umgang mit dem Ärger gilt die Devise: nicht ändern, sondern verwandeln. Wenn ich meinen Ärger bekämpfe, wird er trotzdem ständig in mir auftauchen. Wenn ich ihn unterdrücke oder leugne, wird er sich auf andere Weise in meiner Seele oder in meinem Leib ausdrücken. Manchmal führt verdrängter Ärger tatsächlich zu körperlichen Reaktionen wie Magenschmerzen oder Kopfweh. Es geht darum, den Ärger in Energie und Freiheit zu verwandeln. Dann wird er für mich immer wieder zu einer Einladung, mit dem inneren Raum in mir in Berührung zu kommen, zu dem weder die Menschen noch die Dinge, die mich ärgern, Zutritt haben, in dem ich vielmehr meine innere Freiheit spüre und eine Quelle von Kraft in mir wahrnehme, die mich vor dem Ärger über andere schützt.

Das Markusevangelium erzählt uns vom Ärger der Jünger über Jakobus und Johannes. Beide hatten an Jesus die Bitte gerichtet, er solle sie in seinem Reich zu seiner Rechten und zu seiner Linken sitzen lassen. »Als die zehn anderen Jünger das hörten, wurden sie sehr ärgerlich über Jakobus und Johannes. Da rief Jesus sie zu sich und sagte: Ihr wisst, dass die, die als Herrscher gelten, ihre Völker unterdrücken und die Mächtigen ihre Macht über die Menschen missbrauchen. Bei euch aber soll es nicht so sein, sondern wer bei euch groß sein will, der soll euer Diener sein, und wer bei euch der Erste sein will, soll der Sklave aller sein.«

(Mk 10,41–43) Jesus benutzt also den Ärger der Jünger, um ihnen eine klare Unterweisung darüber zu geben, was für ihn groß und klein sein bedeutet, welches Verständnis er von Macht hat. Jesus tadelt die Jünger nicht wegen ihres Ärgers. Er findet den Ärger offensichtlich berechtigt. Aber er verstärkt ihn nicht, sondern verwandelt ihn, indem er klarstellt, welche Maßstäbe für ihn und für die Gemeinschaft seiner Jünger gelten.

Ritual

Roberto Assagioli, ein italienischer Psychiater und Begründer der Psychosynthese, hat die Übung der Disidentifikation entwickelt. Diese Übung möchte ich dir als Ritual vorschlagen. Du kannst sie so machen: Setze dich still hin und horche in dich hinein. Lass den Ärger in dir hochkommen, den du die letzten Tage einmal gespürt hast. Und dann beobachte den Ärger, wie er in deinem Herzen aufsteigt. Aber dann sage dir: In mir ist Ärger. Aber ich bin nicht mein Ärger. Der innere Punkt in mir, der den Ärger beobachten kann, ist selber nicht vom Ärger infiziert. Er ist ohne Ärger. Assagioli nennt diesen inneren Punkt das spirituelle Selbst. Es ist deine innere Mitte, dein wahres Selbst, dein Kern auf dem Grund deiner Seele. Von deiner Mitte aus kannst du den Ärger beobachten. Aber er bekommt keine Macht über dich. Du ziehst dich vom Ärger immer wieder zu dem »unbeobachteten Beobachter«, zu deinem wahren Selbst zurück. Dort bist du in Frieden. Dort kannst du ganz gelassen deinen Ärger anschauen. Und du kannst in aller Freiheit überlegen, wie du auf den Ärger reagierst und wie du ihn verwandeln kannst in Kraft und Klarheit.

4. Spür die Sehnsucht hinter deiner GIER

Unterschiedliche Einschätzungen: Das Doppelgesicht der Gier »Die Welt ist groß genug für jedermanns Bedürfnisse. Aber nicht für jedermanns Gier.« Das hat Mahatma Gandhi einmal gesagt. »Gier zerstört unsere Welt.« Diese These liest man immer wieder. Umweltschützer werben damit für Umweltschutz, Kapitalismuskritiker für ein maßvolles Wachstum oder für den Verzicht auf ständiges Wachstum. Sie fordern einen anderen Lebensstil, den Verzicht auf die Gier. Andere halten das für eine bloße Parole. Und sie halten dagegen: Ein gewisses Maß an »Gier«, die Kraft des Begehrens, so sagen sie, ist für unser Glück, für den notwendigen Fortschritt, ja für menschliches Leben unverzichtbar. Wohin wären wir ohne diese Kraft der Gier gekommen? Es sei wirklich naiv, nur auf Bescheidenheit und Einfachheit zu setzen? Setzt nicht die Begierde auch Kräfte frei? Sicher ist Umweltschutz wichtig. Aber wie sollen wir unsere Produktion und Technik weiterentwickeln und wie sollen wir unser Wirtschaftswachstum gestalten, damit alle überleben können?

Sogar der Fußballbundestrainer hat in einem Interview einmal davon gesprochen, dass gute Spieler auch gierig sein müssen: also den unbedingten Drang zum Tor brauchen und den unbedingten Willen zum Erfolg haben müssen. Sonst kommen sie nicht zum Sieg. Sattheit macht zufrieden – und faul. Gier, das meint also auch eine starke Kraft, eine innere Unruhe, ein Antrieb.

Und haben nicht wir Deutschen aus positiver Gier unsere Wirtschaftsentwicklung und den technischen Fortschritt erreicht? Diese Gier nach immer mehr kam vor allem nach dem verlorenen Krieg und der darauf folgenden Notzeit auf. Sie hat zum wirtschaftlichen Aufschwung beigetragen.

Aber es stimmt auch die andere Seite: Diese Gier hat auch zu einem Konsumrausch geführt, der nicht mehr gut ist.

Gier hat also zumindest ein Doppelgesicht. Einerseits ist da eine positive Seite, die auf Erfolg aus ist und oft genug auch Grundlage dafür, dass jemand wirklich mit aller Kraft etwas erreicht. Aber das Wort Gier hat auch den negativen Beigeschmack des Unbeherrschten und Maßlosen. Man muss also unterscheiden, ob man sich von positiver oder negativer Gier leiten lässt. Die negative Gier herrscht über uns und macht uns abhängig. Die positive Gier ist dagegen ein Antrieb, das Leben zu verbessern.

Gier unterstellt man gerne anderen. *Unzufriedenheit:* Gier kommt aber nicht nur bei anderen *ein starker Impuls* vor. Und sie ist auch nicht nur etwas, was man einem System, etwa dem Kapitalismus anlasten kann. Man muss sich nur selber beobachten. Da schmeckt einem das Essen. Eigentlich ist man schon satt. Und isst doch immer weiter. Da schlendert man an den Schaufenstern vorbei und spürt den Drang: Ich möchte das oder jenes noch einkaufen, obwohl ich doch genau weiß: Eigentlich brauche ich das gar nicht. Ich bin gierig, am Smartphone ständig die neuesten Nachrichten anzuschauen, die eingelaufenen E-Mails zu checken oder nachzusehen, ob meine Freunde auf Facebook oder via WhatsApp eine Nachricht hinterlassen haben. Auch das ist Gier: ein Impuls, der mich ganz unruhig macht. Ich kann mich dann gar nicht auf die

Arbeit konzentrieren. Und auch meine Mitmenschen nehme ich dann oft gar nicht mehr recht wahr. Oder wenn manche über ihre Konsum- und Karrierewünsche erzählen: Da ist einer darauf erpicht und möchte immer die neueste Technik in seinem Computer. Und auch beruflich ist das ja nichts Ungewohntes, wenn jemand von seinem Streben nach immer höheren Positionen erzählt. Wenn jemand nie zufrieden mit dem Erreichten ist – auch dahinter steckt ja ein starkes Potential an Gier.

Bedürfnislosigkeit als Gegenkonzept? Gegenbegriffe zu Gier sind nicht nur Zufriedenheit, sondern auch Bedürfnislosigkeit, Verzicht, Einfachheit. Das Ideal der freiwilligen Armut ist ein ganz bewusstes Gegenkonzept zur Gier. Die Mönche geloben das ja. Mancher mag sich fragen: Aber ist das nicht weltfremd?

Natürlich haben auch wir Mönche Bedürfnisse. Und die Gier ist auch uns nicht fremd. Wir haben zwar kein Privateigentum. Alles gehört dem Kloster. Aber es gibt eben auch eine gemeinsame Absicht, dass das Kloster wirtschaftlich möglichst gut dasteht. Wenn ich als Mönch über Gier spreche, möchte ich nicht in einen Dualismus verfallen: dort die böse, gierige Welt und dort die asketische und von aller schlechten Gier freie Welt des Klosters. Wir Mönche haben genauso die Aufgabe wie alle anderen in der Welt lebenden Menschen, unsere Gier zu erkennen und mit ihr angemessen umzugehen.

Als Provokation steht in der Tat das Wort Jesu vor uns: »Geh, verkaufe, was du hast, gib das Geld den Armen … und folge mir nach.« (Mk 10,21)

Festzuhalten ist zunächst: Es stimmt, die Gier ist eine weit verbreitete Emotion. Nicht nur heute. Von ihr schreibt die Bibel, und auch die Buddhisten spre- *Gier und Geiz haben ein hässliches Gesicht*

chen davon. Für die Buddhisten ist die Gier die Wurzel allen Übels. Und auch der 1. Timotheusbrief sieht das ähnlich: »Denn die Wurzel aller Übel ist die Habsucht. Nicht wenige, die ihr verfielen, … haben sich viele Qualen bereitet.« (1 Tim 6,10) Der Autor des Briefes geht also davon aus, dass sich der Gierige selbst Qualen bereitet. Es tut uns nicht gut, uns von der Gier beherrschen zu lassen. Das haben auch die Griechen so gesehen. Sie sprechen von *pleonexia*. Es bedeutet: immer mehr haben wollen. Das bezieht sich nicht nur auf das Geld, sondern auch auf den Ruhm, die Anerkennung oder heute auch auf die Sucht, immer mehr Informationen zu haben, ständig online sein zu müssen. Eine Form der Gier ist dann die Geldgier, *philargyria*, die Liebe zum Geld. Die Habgier – so sagen die Griechen – zerstört das Zusammenleben in der Gemeinschaft und sie schadet dem Einzelnen, weil sie ihm die innere Harmonie raubt. Die Gier kann sich ausdrücken in Verschwendungssucht oder in Geiz. Platon meint sogar, dass man Verschwendungssucht eher zu heilen vermag als den Geiz. Denn der Geizige gönnt sich nichts. Er richtet seine Aggression gegen sich selbst.

Im Lateinischen heißt Gier oder Geiz *avaritia*. Es kommt von *aveo*, das wehen oder blasen bedeutet. Gier meint also, nach etwas schnauben. Die Römer sahen dem Menschen an, ob er gierig ist oder nicht. Der Gierige oder Geizige schnaubt nach etwas, er bekommt nie genug. Sein Atem geht schwer und sein Gesicht drückt die Gier aus.

Und Gier und Geiz verunzieren das menschliche Antlitz. Der Gierige ist nicht schön. Er ist immer angespannt und verkrampft.

Das deutsche Wort »Gier« kommt eigentlich von »gerne«. Es drückt also allgemein das Verlangen oder das Begehren aus. Es entspricht dem lateinischen Wort *deside-rium*, das Begehren, aber auch Sehnsucht bedeuten kann. Das lateinische und deutsche Wort zeigt uns also, dass die Gier nicht völlig schlecht ist. Sie ist auch ein wichtiger Antrieb zum Leben. Wir sprechen ja auch von Neugier. Die Gier könnte eine Quelle der Energie sein. Daher geht es nicht um das Ausrotten der Gier, sondern um Verwandlung. Die Frage ist, wie die zerstörerische Gier in eine befreiende Gier, wie sie in die Lust am Leben verwandelt werden kann.

Ich kann Gier nicht aus mir heraus-reißen. Aber in eine gute Kraft verwandeln

Wenn wir vom Doppelgesicht der Gier gesprochen haben, von guten und schlechten Seiten, was sind die Kriterien einer Unterscheidung? Kann man die positive Gier bewahren und die negative Gier in positive Gier verwandeln? Und wie kann man einen Umschlag ins Negative vermeiden?

Der *erste Schritt*, die Gier zu verwandeln ist: Ich gestehe mir ein, dass ich gierig bin. Viele sind nicht bereit, das vor sich selber zuzugeben. Sie meinen, sie müssten immer mehr Geld verdienen, um ihre Familie für die Zukunft abzusichern. Oder sie müssten permanent informiert sein, damit sie mitreden können in ihrem Beruf.

Aber erst wenn ich mir die Gier eingestanden habe, kann ich in einem *zweiten Schritt* mit ihr ins Gespräch kommen. Was ist die tiefste Sehnsucht, die hinter meiner Gier steckt? Ist es nicht die Sehnsucht nach Leben, die Sehnsucht, alle Mangelerfahrungen meines Lebens auszugleichen? Gier macht ruhelos. Erst wenn ich die Sehnsucht dahinter herausfinde, finde ich auch zur Ruhe. Denn die Sehnsucht beruhigt das menschliche Herz, ohne dass es dabei starr und unbeweglich wird.

Ein *dritter Weg*, die Sehnsucht hinter meiner Gier zu entdecken, besteht darin, meine Gier zu Ende zu denken: Wenn ich noch mehr Geld habe, wenn ich noch berühmter werde, wenn ich noch mehr Informationen bekomme, ist dann meine Sehnsucht wirklich gestillt? Wie geht es mir dann? Ich werde dann spüren, dass weder Geld noch Ruhm noch Informationen meiner wirklichen Sehnsucht entsprechen. Indem ich die Gier zulasse und zu Ende denke, kann ich meine wirkliche Sehnsucht hinter der Gier herausfinden.

Dann kann ich in einem *vierten Schritt* überlegen: Was kann meine Sehnsucht wirklich erfüllen? Die Sehnsucht vermag letztlich allein Gott zu erfüllen. *In mir ist der Himmel, nach dem ich mich sehne* Aber die Sehnsucht hält mich lebendig. Sie lädt mich ein, kreativ schon hier in meinem Alltag nach Möglichkeiten zu suchen, sie zu erfüllen. Ein Beispiel: Wenn ich mich nach Geborgenheit sehne, dann könnte ich versuchen, mehr Zeit für die Familie aufzubringen, die mir Geborgenheit schenkt. Oder wenn ich als Mönch einen spirituellen Weg gehen möchte, dann darf ich meine Sehnsucht nicht mit Vielessen zustopfen. Vielmehr sollte ich das Essen dankbar genießen und mir vorstellen, dass Gott selbst mir das gute Essen schenkt. Dann schmecke ich etwas von der »Süßigkeit« Gottes, wie die Frauen des Mittelalters sagten. Dann brauche ich nicht immer noch mehr essen. Das lateinische Wort für Sehnsucht – *desiderium* – kommt von *sidera* = Sterne. Es geht also darum, die Sterne auf die Erde zu bringen. Oder anders ausgedrückt: die Sterne, die am Himmel stehen, sollen in meiner Seele leuchten. Dann ist das Ziel meiner Sehnsucht in mir selber. In mir ist der Himmel, nach dem ich mich sehne.

Wenn ich gierig bin, kann ich das Essen gar nicht genießen. Und ich kann auch das, was ich mir gekauft habe, nicht genießen. Psychologen haben festgestellt, dass gierige Menschen nicht in Beziehung sind zu sich selbst. Essgierige Menschen spüren ihren Körper nicht. Sie können nicht schmecken und nicht genießen. Daher geht ein wichtiger Weg der Verwandlung über das Spüren meines Körpers, über das Wecken meiner Sinne: des Geschmackssinnes, des Tastsinnes, des Schauens und Hörens. Selbst im Museum wird man das merken: Wenn ich intensiv schaue, komme ich zur Ruhe. Wenn ich dagegen von einem Bild zum anderen hetze, werde ich ruhelos und zerrissen.

Haltungen, die zum Segen gereichen In welche Haltungen soll Gier aber verwandelt werden? Und in welche positive Energie kann sie sich wandeln? Es gibt kreative Möglichkeiten der Verwandlung. Ich nenne zwei: Die eine Haltung, in die Gier zu verwandeln ist, ist die des Ehrgeizes. Es gibt einen guten Ehrgeiz, der das Ziel hat, innerlich und äußerlich weiterzukommen. Wenn ich ehrgeizig bin etwa beim Vorbereiten einer Predigt, so kann mich der Ehrgeiz einengen und überfordern. Aber er kann mich auch zu sorgfältiger Arbeit antreiben. Wenn ich dann den Ehrgeiz durchlässig werden lasse für Gottes Geist, dann wird mein Ehrgeiz auch zum Segen für andere.

Ein anderer Weg besteht darin, meine Gier in Dankbarkeit zu verwandeln. Ich höre auf, mich mit anderen zu vergleichen, sondern bin dankbar für das, was ich bin und was ich habe. Der Evangelist Lukas erzählt uns dazu die schöne Geschichte vom Oberzöllner Zachäus, der sehr reich war. (Lk 19,1–10) Er war gierig, immer mehr zu verdienen. Von ihm heißt es, dass er klein von Gestalt war. Man könnte sagen: Er hat sein Minderwertigkeitsgefühl dadurch ausgeglichen, dass er immer mehr Geld verdient hat. Doch den inneren Mangel kann ich mit Geld nicht zustopfen. Das wäre ein Fass ohne Boden. Und Zachäus war Oberzöllner. Er hat andere klein gemacht, um an seine Größe zu glauben. Doch mit diesen beiden Strategien hatte er keinen Erfolg. Im Gegenteil, er wurde nicht anerkannt, sondern als Sünder gesehen. Sünder bedeutet: ausgesondert. Er wurde von den frommen Juden ausgesondert und abgestempelt. Doch er sehnt sich danach, aus diesem Teufelskreis herauszukommen. Er will Jesus sehen, von dem er schon so viel Gutes gehört hat. Er steigt auf einen Maulbeerfeigenbaum, in dessen dichtem Laub er sich verstecken kann. Doch Jesus schaut zu ihm auf. Das griechische Wort meint: Jesus schaut zum Himmel auf. Jesus sieht in diesem Sünder den Himmel. Er erkennt seine Sehnsucht nach dem Himmel. Und Jesus fordert ihn auf, herunterzusteigen, weil er bei ihm zu Gast sein möchte. Dieser Blick der Liebe, der ihn annimmt und nicht verurteilt wie die Pharisäer, verwandelt den Zachäus völlig. Er verwandelt die Gier in Solidarität. Jetzt gibt

Zachäus die Hälfte seines Vermögens den Armen. Und er lädt seine Freunde zum Mahl ein. Seine Gier, die ihn einsam gemacht hat, wird verwandelt in Mitgefühl mit den anderen, die sich wie er in der Habsucht verrannt haben.

Eine Einladung
zum Loslassen

Es geht also auch hier wieder nicht darum, gegen die Gier zu kämpfen. Denn wenn wir gegen sie kämpfen, weckt sie in uns immer neue Gegenkräfte. Wenn wir sie uns eingestehen und mit ihr ins Gespräch kommen, kann sie zu einem Antrieb werden, achtsamer zu leben, solidarisch mit anderen zu werden, dankbar das zu genießen, was Gott uns geschenkt hat. Und die Gier lädt uns auch ein, gelassener zu werden. Wir spüren, wie die Gier uns fest im Griff haben möchte. Wenn wir sie in uns wahrnehmen, ist sie immer wieder eine Einladung, all das Gierige in uns loszulassen und gelassen das dankbar anzunehmen, was Gott uns Tag für Tag schenkt.

Ritual

Ein Weg, die Gier zu verwandeln, ist die Kunst des Genie-
ßens. Wenn ich etwas wirklich genieße, dann bin ich nicht
süchtig, sondern ganz im Genießen. Du kannst ein Stück
Brot ganz langsam kauen und ganz im Genießen sein. Oder
du gönnst dir ein Stück Schokolade und lässt sie ganz lang-
sam auf der Zunge schmelzen und genießt ganz bewusst den
süßen Geschmack. Wenn du dir Zeit lässt zum Genießen,
dann wirst du dir nicht gleich ein neues Stück Schokolade in
den Mund stecken, sondern den Geschmack noch lange genie-
ßen. Aber du brauchst zum Genießen nicht immer Schoko-
lade. Stelle dich mal an einem Sommermorgen ins Freie und
genieße die frische Luft, die dich umgibt. Rieche den mor-
gendlichen Duft, der aus den Wiesen aufsteigt. Sei ganz in
deinen Sinnen: in deiner Haut, die sich vom Wind umwehen
lässt, in deinen Augen, die die Schönheit des Morgens
betrachtet, in deinen Ohren, die das leise Rauschen des Win-
des und die Stille ehrfürchtig hören, in deiner Nase, die den
morgendlichen Geruch riecht, der eine eigene Qualität hat.
In diesem Spüren mit allen Sinnen bist du ganz bei dir. In
diesem Augenblick bist du frei von Gier.

5. Umarme deine ANGST und entdecke ihren Sinn

Angstfrei ist keiner. Angst gehört zu unserem Leben. Nie-
Das Doppelgesicht mand gibt das gerne zu, aber ganz angst-
der Angst frei ist keiner. Die Angst gehört wesentlich zum Menschen. Sie kann ein
hilfreiches Alarmsystem sein, das uns auf Gefahren aufmerksam macht und in uns Kräfte mobilisiert, uns zu
schützen. Die Angst ist schon dem Tier angeboren. Sie
alarmiert das Tier, entweder zu fliehen oder sich für den
Angriff innerlich zu stärken. Wenn wir keine Angst hätten,
hätten wir auch kein Maß. Dann würden wir uns Dinge
zutrauen, die uns nicht gut tun würden.

Aber es gibt auch die Angst, die uns lähmt, die uns beherrscht und uns immer mehr in uns selbst einschließt. In
Firmen geht die Angst um, die Angst vor dem Konkurs,
aber auch die Angst vor unberechenbaren Vorgesetzten
oder vor anonymen Entscheidungen, auf die man keinen
Einfluss hat. Und es gibt die Angst vor bestimmten Dingen.
Man spricht von Phobien. Menschen haben z. B. Angst, in
den Zug einzusteigen. Es gibt die Platzangst, die Raum-
angst, die Phobie vor Spinnen, die Phobie vor Bakterien.
Und es gibt Panikattacken, die plötzlich über uns kommen.
Panische Angst entsteht, wenn wir nicht mehr wissen, wie
wir reagieren sollen. Wir sind der panischen Angst hilflos
ausgesetzt. Wer einmal eine panische Angst erlebt hat, der
ist oft gelähmt durch die Angst vor der Angst. Er hat Angst,
diese panische Angst könnte ihn wieder überfallen. Sobald
Angst in ihm hochsteigt, gerät er in Panik, dass die Angst
immer stärker wird und er ihr hilflos ausgesetzt ist.

Ich habe Angst, dass ich mein Leben nicht schaffe. Ich habe Angst, in meinem Beruf zu scheitern. Ich habe Angst, dass unsere Beziehung nicht gelingt. Und ich habe Angst, dass meine Eltern sterben und ich allein dastehe. Ich habe auch Angst, krank zu werden. Auch nachts überfällt sie uns. Sie ist in den Träumen da.

Es gibt Ängste, die durch die Lebensgeschichte bedingt sind. Wenn die Mutter ängstlich war, wirkt sich das auf das Kind aus. Oder die Angst vor dem dunklen Keller, die manche Kinder kennen, zeigt, dass man etwas Dunkles in sich nicht annehmen will. Oder aber die Angst steigt in bestimmten Situationen auf, weil man zum Beispiel als Kind einmal einen Verkehrsunfall erlebt hat. Die Angst scheint oft unbegründet zu sein. Aber die Angst hat immer einen Sinn. Wenn wir keine Angst hätten, wären wir schutzlos. Heute möchten die Menschen ihre Angst am liebsten loswerden. Weil Angst als negativ eingeschätzt wird, darf sie nicht sein. Wenn sie sich aber doch zu Wort meldet, wird die Angst vor der Angst so groß, dass sie einen völlig in Griff nimmt. Von solcher Angst möchten wir frei werden.

Die Angst hat immer einen Sinn. Sie will uns eine Aufgabe stellen.

Auch wenn sie unangenehm ist: Auf keinen Fall sollten wir die Angst unterdrücken. Auch hier gilt wieder: Je mehr wir gegen die Angst kämpfen, desto stärker wird sie uns verfolgen. Das gilt sowohl *Die Angst nicht unterdrücken, sondern mit ihr sprechen* von psychologischen als auch von spirituellen Wegen. Wenn ich psychologische Methoden gegen die Angst anwende, dann verstärke ich damit möglicherweise die

Angst. Und wenn ich gegen die Angst bete, wird sie auch stärker werden. Viele fromme Christen beten zu Gott, dass er ihnen die Angst wegnehmen möge. Aber sie benutzen dabei Gott wie einen Zauberer, der ihnen die Angst schmerzfrei wegzaubert. Doch dieser Weg funktioniert nicht.

So kann Angst zur Lehrmeisterin werden Der spirituelle Weg, die Angst zu verwandeln, geht über das Gespräch mit der Angst. Zunächst frage ich mich selbst: Wovor habe ich eigentlich Angst? Was ist meine konkrete Angst? Ist es die Angst, zu versagen oder einen Fehler zu machen? Oder die Angst, etwas nicht zu schaffen? Ist es die Angst vor der Krankheit oder vor dem Tod? Ist es die Angst vor der Zukunft, die Angst vor unberechenbaren Katastrophen? Erst wenn ich die konkrete Art meiner Angst erkannt habe, kann ich die Angst nach ihrem Sinn fragen: Was will die Angst mir sagen? Was macht mir Angst? Und warum macht es mir Angst? Weist mich die Angst auf falsche Grundannahmen für mein Leben hin, auf übertriebene Maßstäbe, denen ich mich unterwerfe, oder auf ein Selbstbild, das meiner Wirklichkeit nicht gerecht wird und mich überfordert? Die Angst kann zur Lehrmeisterin werden. Sie möchte mich einladen, gesündere Maßstäbe für mich und mein Leben zu finden. Statt der Grundannahme »Ich darf keinen Fehler machen, sonst bin ich nichts wert, sonst werde ich abgelehnt« lädt mich die Angst ein, auf realistischere Einstellungen zu setzen, wie: »Ich darf Fehler machen. Ich bin immer noch wertvoll. Meine Wertschätzung bei den Menschen hängt nicht von meinen Fehlern ab, nicht davon, ob ich mich mal blamiere.« Und die Angst möchte mich ermutigen, barmherziger mit mir selbst umzugehen, mich nicht ständig über übertriebene Erwartungen an mich selbst zu überfordern.

Es wäre unrealistisch zu glauben, dass wir die Ängste radikal und für immer beseitigen können. Wir können die Angst nie ganz loswerden. Aber wir können frei werden von lähmenden Ängsten oder von Panikattacken. Viele leiden an solchen Panikattacken. Meistens haben sie Angst vor der Angst. Da kommt eine Angst in ihnen hoch, dass es ihnen schwindlig werden könnte. Und dann wollen sie die Angst mit Gewalt unterdrücken. Das lässt aber ihre Angst immer noch stärker werden. Wenn ich dagegen sofort meine Angst wahrnehme, sie zulasse und mit ihr spreche, wird sie wieder weggehen. Und sie lädt mich ein, mich selbst zu spüren. Denn oft zeigt die Angst, dass wir zu sehr auf die anderen fixiert sind und etwa meinen, die würden uns ständig beobachten. Die achtsame Wahrnehmung führt mich wieder zurück zu mir selber.

Angst hat jeder. Und es geht dabei ja nicht nur um Extremsituationen: Auch wer jung ist und sich gesund fühlt, kennt möglicherweise die Angst, dass er krank werden könnte, dass er Krebs bekommen könnte oder durch einen Unfall gelähmt wird. Wenn ich in mir Angst vor dem Krankwerden entdecke, dann ist die Angst eine Einladung, mich mit meiner Angst unter den Segen Gottes zu stellen. Die Angst ist berechtigt. Sie zeigt mir die Brüchigkeit meiner Existenz. Ich kann meine Gesundheit nicht garantieren. Ich kann immer krank werden. Dieses Eingeständnis meiner Gefährdung durch

Die Brüchigkeit meiner Existenz unter den Segen Gottes stellen

Krankheit lädt mich ein, mich mit meiner Brüchigkeit anzunehmen und zugleich mich Gott anzuvertrauen. Ich bitte Gott, dass er mich vor Krankheit bewahrt. Aber zugleich bitte ich um das Vertrauen, dass ich immer – auch in der Krankheit – von Gottes Liebe begleitet und eingehüllt bin. So wird die Angst verwandelt in das Vertrauen, dass ich immer in Gottes guter Hand bin, in guten und in schlechten Tagen, in Gesundheit und in Krankheit. Das relativiert die Angst vor der Krankheit.

Angst ist mit unserer menschlichen Existenz gegeben. Martin Heidegger hat in seinem berühmten Werk »Sein und Zeit« (1927) die Angst als Grundbefindlichkeit des Menschen beschrieben. Die Angst zeigt dem Menschen, dass er in der Welt letzlich nicht zu Hause ist. »Wovor die Angst sich ängstet, ist das In-der-Welt-Sein selbst.« Dieser Philosoph meint, dass uns die Angst zwingt, unsere »Eigentlichkeit« zu entdecken, zu erkennen, wer wir als Menschen eigentlich sind, was das Wesen menschlicher Existenz ist. Für die Theologie, die die philosophischen Analysen Martin Heideggers ernst nimmt, wird die Angst zu einer Einladung, mein Leben letztlich in Gott zu gründen. Sie stellt mich vor die Frage, woher ich mich eigentlich definiere. Definiere ich mich von den Menschen und ihren Erwartungen und ihren Meinungen her oder definiere ich mich von Gott her? Die Angst verweist mich letztlich auf Gott. Die Angst ist kein Gegensatz zum Glauben an Gott. Sie treibt mich vielmehr immer wieder auf Gott hin, dass ich in Gott meinen Grund suche und nicht in äußerer Sicherheit oder in der Anerkennung durch die Menschen.

Wir alle, nicht nur alte Menschen, müs-
sen uns der Angst vor dem Tod stellen.
Auch diese Angst gehört wesentlich zum
Menschen. Die existentielle Psychotherapie, wie sie Irwin
D. Yalom entwickelt hat, wirft der klassischen Psychoana-
lyse eines Sigmund Freud vor, dass sie das Phänomen der
Todesangst völlig verdrängt hat. Aber das Gelingen des
Lebens – so meint Yalom – hängt davon ab, ob ich mich der
Todesangst stelle und sie in mein Leben integriere. Viele
psychische Krankheiten sind letztlich der Versuch, der
Todesangst aus dem Weg zu gehen. Heilung gelingt erst,
wenn wir uns der Todesangst stellen. Bei der Todesangst ist
es jedoch auch wichtig, genauer mit ihr zu sprechen:
Wovor habe ich genau Angst? Ist es die Angst, mein Leben
und mich loszulassen, vieles zu versäumen, was schön
wäre? Oder ist es die Angst, andere Menschen zu verlassen?
Die Mutter hat Angst, zu sterben, weil ihre Kinder sie noch
brauchen. Sie möchte ihre Kinder noch weiter begleiten.
Oder ist es die Angst vor dem Kontrollverlust? Oder Angst
vor dem Unbekannten, was mich im Tod erwartet? Ist es
gar Angst vor der Verdammung, Angst vor Gott und Angst,
ihm mit meiner Wahrheit zu begegnen? Nur das Gespräch
mit der Angst kann die Angst verwandeln. Die Angst, die
Kinder allein zu lassen, soll verwandelt werden in das Vertrauen, dass die Kinder in Gottes Hand sind. Die Angst vor
dem Kontrollverlust will mich einladen zu dem Vertrauen,
dass alles, was in mir hochkommen könnte, von Gott angenommen und verwandelt werden kann. Ich brauche vor
nichts Angst zu haben. Denn Gott kennt sowieso alles.

Manchmal ist es einfach die generelle Angst zu sterben.
Eine Frau traute sich etwa nicht mehr aus dem Haus zu

*Die Angst vor
dem Tod*

gehen. Als ich fragte, was denn passieren könnte, meinte sie, sie könnte tot umfallen. Ich habe ihr die Angst nicht ausgeredet. Dann hätte ich sie nicht ernst genommen. Ich habe ihr gesagt: »Ja, es kann sein, dass Sie tot umfallen. Aber jetzt in dem Augenblick, in dem Sie mit mir sprechen, leben Sie noch. Nehmen Sie diesen Augenblick bewusst wahr, als ob es der letzte wäre. Und wenn Sie aus der Tür treten, leben Sie noch. Nehmen Sie den Wind und die Sonne wahr. Nehmen Sie die Menschen wahr, denen Sie begegnen. Dann werden Sie intensiv leben. Die Angst vor dem Tod lädt Sie ein, ganz im Augenblick zu leben und intensiv wahrzunehmen, was Sie gerade erleben.« Der Tod lädt sie ein, die Zeit dankbar zu genießen, die sie noch haben, bewusster mit den Menschen zu sprechen und sich zu überlegen, welche Lebensspur sie in die Welt eingraben möchten.

So kann die Verwandlung meiner Angst gelingen Ein wichtiger *erster Weg* der Verwandlung ist auch hier wieder das Gespräch mit der Angst. Im Gespräch mache ich mich vertraut mit meiner Angst und schaue meine Angst intellektuell an. Das gibt mir schon eine gewisse Distanz.

Der *zweite Schritt* ist dann, dass ich mir vorstelle, wovor ich Angst habe. Ich stelle mir ganz konkret vor, dass ich einen Fehler mache, dass ich in Ohnmacht falle, dass ich krank werde. Ist das wirklich so schlimm? Indem ich es mir vorstelle, entmachte ich meine Angst.

Und der *dritte Schritt*: Ich verstehe die Angst als Freundin, die mir eine andere Einstellung zum Leben vermittelt. Das kann der Abschied vom Perfektionismus sein.

Oder das Vertrauen, dass ich auch in Krankheit und Tod nicht aus der guten Hand Gottes fallen kann. Oder auch die Bereitschaft, mich von Gott her und nicht von der Anerkennung der Menschen her zu definieren.

Jesus sagt in der Bibel oft: Fürchtet euch *Die Angsttherapie* nicht! Er selbst hat aber nach dem Zeug- *Jesu* nis der Bibel selber auch vor dem gewaltsamen Tod am Kreuz Angst gehabt. Und er hat diese Angst gezeigt im Garten Getsemani. Ein Engel hat Jesus gestärkt, um seine Angst zu überwinden. Zeigt uns nun Jesus Wege für eine Angsttherapie? Was hat er uns gesagt, wie wir unsere Angst überwinden können? Ich möchte nur eine einzige Stelle danach befragen, wie die Angsttherapie Jesu aussieht. Es ist die Aussendungsrede Jesu im Matthäusevangelium, und es geht dabei um zwei ganz konkrete Ängste.

In dieser Rede möchte Jesus seinen Jüngern die Angst neh-men, die sie bei ihrem öffentlichen Auftritt vor den Men-schen behindern könnte: »Darum fürchtet euch nicht vor ihnen! Denn nichts ist verhüllt, was nicht enthüllt wird, und nichts ist verborgen, was nicht bekannt wird. Was ich euch im Dunkeln sage, davon redet am hellen Tag, und was man euch ins Ohr flüstert, das verkündet von den Dächern. Fürchtet euch nicht vor denen, die den Leib töten, die Seele aber nicht töten können, sondern fürchtet euch vor dem, der Seele und Leib ins Verderben der Hölle stürzen kann.« (Mt 10,26–28)

Es sind hier zwei Ängste angesprochen. Und zugleich Wege, wie die Angst verwandelt werden kann. Die erste Angst ist die Angst vor dem Unbekannten in uns. Viele Menschen, die öffentlich auftreten, bekommen Angst, dass die Zuschauer oder Zuhörer ihre eigenen Schwächen entdecken könnten. Sie haben Angst, dass die anderen hinter ihre Fassade schauen und dort das Verborgene entdecken, verborgene Schwächen, verborgene Fantasien, verborgene Fehler. Diese Leute sagen sich: »Wenn die anderen wüssten, welche negativen Gedanken ich in mir habe, welche Ängste ich habe, oder was ich anderen an Verletzungen zugefügt habe, dann würden sie mich alle ablehnen.« Jesus gibt als Therapie für diese Angst an: Gott weiß alles. Vor Gott ist nichts verborgen. Halte also alles Verborgene vor Gott. Lass es von Gottes Liebe durchdringen. Dann macht es dir keine Angst mehr. Du musst das Verborgene nicht allen Menschen zeigen. Aber wenn du es Gott hinhältst, dann verlierst du die Angst vor dem Verborgenen in dir. Und du hast auch keine Angst mehr, dass die anderen etwas von dem Verborgenen in dir entdecken könnten. Denn vor Gott ist nichts verborgen. Und es gibt in dir nichts, was nicht von Gott angenommen und von seiner Liebe durchdrungen ist.

Die zweite Angst ist die Angst, verletzt zu werden. Wer öffentlich auftritt, der kann kritisiert werden. Heute gibt es ja eine regelrechte Sucht, bei denen, die sich in der Öffentlichkeit zeigen, Fehler auszuspionieren und allen zu offenbaren. Die Angst hindert viele, sich öffentlich zu zeigen. Jesus gibt als Weg, diese Angst zu verwandeln, den Rat: »Die anderen können deinen Leib töten. Sie können deine Psyche verletzen, deine Emotionen. Und sie können dich körperlich verletzen. Aber den inneren Bereich – den Bereich der Seele können sie nicht verletzen. Es gibt in dir einen Raum der Stille auf dem Grund deiner Seele. Dorthin können weder die verletzenden Worte der anderen vordringen, noch die körperliche Gewalt kann diesen Raum gefährden. Dort bist du heil und ganz. Dort bist du geschützt. Die Erfahrung dieses inneren Raumes, des heiligen Raumes, der heil ist und ganz, verwandelt die Angst. Emotional ist die Angst immer noch vorhanden. Aber wenn ich von der emotionalen Angst in den Grund meiner Seele gehe, relativiert sich die Angst. Sie verliert ihren bedrängenden Charakter.

Wir sehen, dass Jesus die Angst nicht einfach wegnimmt oder sie unterdrückt. Er nennt sie beim Wort. Aber er zeigt zugleich Wege auf, wie diese Angst sich *Angst kann uns öffnen für eine tiefere Wirklichkeit* wandeln kann. Von dieser Weisheit Jesu können wir für unseren Umgang mit der Angst lernen. Es geht nicht darum, völlig angstfrei zu sein, sondern mit der Angst so umzugehen, dass sie uns in Berührung bringt mit dem inneren Raum der Stille und dass sie uns mehr und mehr zu Gott hinführt, in dem wir uns mit unserer Angst angenommen und geborgen fühlen. Und diese Erfahrung von Angenommensein mit unserer Angst befreit uns, wenn wir sie erleben, augenblicklich von unserer Angst.

Um bei einem konkreten Beispiel zu bleiben: Viele haben Angst vor der Öffentlichkeit und fürchten etwa, sich zu blamieren. Eine Sängerin erzählte mir, dass sie vor jedem Auftritt Lampenfieber hatte. Sie vertrieb dieses Lampenfieber nicht mit Psychopharmaka, sondern hielt sie aus. Sie wurde sich bewusst: Auch meine Übung, meine Routine im Singen garantieren mir nicht, dass jetzt mein Auftritt gut wird. Sie ließ zu, dass jedes gelingende Singen ein Geschenk ist. Auf diese Weise wurde sie durchlässig für das Geheimnis der Musik. Jemand sagte zu ihr: »Nicht du hast gesungen, es hat durch dich hindurch gesungen.« Die Angst hat die Sängerin von ihrem Ego befreit oder zumindest ihr Ego durchlässig gemacht für etwas Größeres. Das ist eine entscheidende Verwandlung der Angst. Die Angst entmachtet mein Ego, das alles kontrollieren und im Griff haben möchte, und macht mich durchlässig für etwas Größeres. Das kann beim Singen, beim Predigen, beim Vortrag oder bei einem anderen Tun vor anderen Menschen geschehen. Dann spüren wir, dass die Angst einen Sinn hat, dass wir nicht gegen sie kämpfen sollen, sondern uns von ihr für etwas Größeres aufschließen lassen. Angst kann also durchaus eine positive Wirkung haben, wenn wir gut mit ihr umgehen, wenn wir sie nach ihrem Sinn befragen und wenn wir sie zur Freundin machen, die uns auf etwas Wesentliches aufmerksam machen möchte: Sie will uns zeigen, dass wir Menschen sind und nicht Gott, dass wir letztlich nur in Gott einen letzten Halt finden und nicht in uns selbst oder in unserer eigenen Stärke. Sie kann uns also öffnen für eine tiefere Wirklichkeit.

Ritual

Ich schlage ein Ritual vor im Umgang mit der Angst vor dem Verborgenen. Frage dich: Was möchte ich vor mir selbst, vor Gott und vor den Menschen verbergen? Was ist mir unangenehm in mir selbst? Was darf auf keinen Fall nach außen bekannt werden? Und dann stelle dir vor, wie Gottes Liebe in all dieses Verborgene eindringt. Vor Gott brauchst du nichts zu verbergen. Gott kennt dich. Und Gottes Liebe erfüllt gerade das, was du selbst nicht so gerne anschauen möchtest. Und dann schaue das dir bisher Unangenehme mit neuen Augen an. Stelle dir vor, dass alles in dir von Gottes Liebe durchdrungen ist. Dann verliert sich die Angst vor dem inneren Chaos in dir, vor dem inneren Vulkan, vor dem Bedrohlichen. Alles in dir darf sein, weil alles in dir von Gottes Licht erfüllt ist.

6. Vom Schatz in der DEPRESSION

Eine neue
Volkskrankheit? Heute sind Menschen sehr schnell mit einer Diagnose. Viel zu schnell werden andere pathologisiert. Da leidet eine Frau auch Monate nach dem Tod ihres geliebten Mannes unter dem Verlust und ist einfach nur traurig. Und schon nennt man sie depressiv. Da will jemand seine Stelle wechseln, weil er den unmäßigen Druck nicht mehr aushält und mit den Arbeitsbedingungen ständig unzufrieden ist, und bekommt die Frage zu hören, ob er depressiv sei. Und einer Frau, die spirituelle Bücher las, wurde von einer sogenannten Freundin eine »latente Depression« unterstellt. Auch eine Erschöpfungsmüdigkeit und jede Art von psychischen Reaktionen wird dann in der Wahrnehmung und Beurteilung der Umgebung schnell zu einer »Depression«.

Aber auch das gibt es: Da liegt jemand tagelang im Bett. Er hat zu nichts Lust. Er ist völlig antriebslos. Er braucht offensichtlich therapeutische Hilfe. Oder einer leidet unter der Last von Schuldgefühlen, gräbt sich immer tiefer in ein Loch von Selbstanschuldigungen und die die Verzweiflung ist so groß, dass er nicht mehr leben will und vom Suizid spricht. Angehörige, Freunde oder Begleiter fühlen sich überfordert und haben das Gefühl, dass der Kranke sie aussaugt. Wie sich verhalten und wie Grenzen setzen? Kann man helfen? Wie soll man depressive Verstimmung von Traurigkeit und wirklicher Depression unterscheiden? Und überhaupt: Kann ich einen anderen wirklich von seiner Depression befreien?

Depressionen nehmen zu. Depression scheint geradezu eine Volkskrankheit zu sein. Aber man spricht meistens nur mit vorgehaltener Hand darüber, als ob sie etwas ganz Schlimmes ist. Die Frage ist nicht nur: Wie sollen wir mit der Depression umgehen? Sondern auch: Was will sie uns sagen? Kann sie verwandelt werden? Aber zuvor sollten wir klären, worüber wir reden.

Depression kann eine Krankheit sein, die eine klinisch-therapeutische Behandlung braucht. Aber es gibt auch depressive Stimmungen oder zeitweise Depressionen, die jeder Mensch kennt. Man spricht dann von reaktiver Depression: Depression als Reaktion auf eine schmerzliche Erfahrung, auf Verlust von lieben Menschen oder auf den Verlust eines Arbeitsplatzes. Früher hat man unterschieden zwischen »endogener« und »exogener« Depression. Die erste ist gleichsam innerhalb der menschlichen Psyche. Sie ist angeboren. Die andere kommt von außen auf den Menschen zu. Heute spricht man lieber von leichter, mittelschwerer und schwerer Depression. In der Psychologie unterscheiden wir zwischen einer »unipolaren« und einer »bipolaren« Depression. Die »bipolare« Depression meint eine manisch-depressive Erkrankung, in der Menschen ständig schwanken zwischen extremer Aktivität und Maßlosigkeit und der depressiven Reaktion. Die bipolare Störung muss mit Medikamenten behandelt werden. Bei der unipolaren Depression unterscheidet die Psychologie eine »gehemmte Depression«, in der man sich innerlich gelähmt fühlt und sich zu nichts aufraffen kann. Und sie kennt eine »agitierte Depression«, die sich in großer Unruhe und leerem Aktivismus zeigt. Menschen, die an einer »agitierten Depression« leiden, sieht man ihre Depression

Unterscheidungen und Klärungen

oft nicht an. Und es gibt die »larvierte Depression«, die sich oft hinter körperlichen Symptomen wie Kopfschmerzen, Magenbeschwerden, Appetitverlust und Schwindelgefühlen verbirgt. Depression ist also ein großes Thema. Es gibt Depressionen, die unbedingt eine medikamentöse und/oder eine klinisch-therapeutische Behandlung brauchen. Aber es gibt auch Depressionen, die mir etwas Wichtiges sagen wollen über mich und meine innere Wahrheit. Eine solche Depression hat immer einen Sinn. Und sie kann auch immer verwandelt werden. Verwandlung muss jedoch nicht unbedingt heißen, dass sie geheilt wird.

Wie können wir nun unterscheiden, ob man nur traurig ist oder schon Depression als Krankheit hat? Wenn man sich über lange Zeit antriebslos fühlt, wenn man sich selbst nicht mehr spürt, wenn man gleichsam neben sich steht, dann ist es ein Zeichen von Depression. Der Traurige fühlt seine Traurigkeit. Der Depressive ist gefühllos. Er ist einfach nur leer. Er hat das Gefühl, im dunklen Loch zu sitzen. Er ist abgeschnitten vom Leben. Wie damit umgehen?

Vom Sinn und der Botschaft einer Depression C.G. Jung, der Schweizer Therapeut, meint einmal, die Depression sei eine schwarze Dame, die an unsere Tür klopft. Wenn sie klopft, sollen wir sie ruhig einlassen, denn sie hat uns etwas Wichtiges zu erzählen. Ganz gleich, ob die Depression nun eine Krankheit ist oder nur eine zeitweilige Erfahrung: Auf jeden Fall sollen wir sie nicht einfach bekämpfen und verdrängen. Dann wird sie nur stärker. Nur wenn wir sie annehmen, kann sie sich wandeln. Nur dann ist ein Gespräch mit unserer

Depression möglich, in dem wir fragen können, was sie uns sagen will und was ihre Botschaft an uns ist.

Daniel Hell, ein Schweizer Psychiater, der sich auf die Behandlung von Depressionen spezialisiert hat, nennt verschiedene Botschaften der Depression. Zum einen ist die Depression oft ein Hilfeschrei gegen übertriebene Selbstbilder, etwa gegen das Bild von mir selbst, dass ich immer perfekt sein muss, immer erfolgreich, cool, souverän, dass ich alles im Griff haben und immer positiv denken muss. All das sind maßlose Forderungen an mich selbst. Ich soll dankbar sein, wenn meine Seele gegen diese maßlosen Selbstbilder protestiert. Daher ist die erste Frage an meine Depression: Wogegen protestiert oder rebelliert sie? Ich darf darauf vertrauen, dass meine Depression einen Sinn hat, dass meine Seele den Weg der Depression wählt, um mich auf meine eigene Wahrheit hinzuweisen und mich mit meiner Wirklichkeit auszusöhnen.

Häufig werden wir depressiv, weil wir unsere Wurzeln verloren haben. Dann wäre die Depression eine Einladung, meine Wurzeln neu zu entdecken, meine Wurzeln im Glauben, meine Wurzeln in meiner Familie und in meinen Vorfahren, in ihrer Lebenskraft und Glaubenskraft zu finden. Rituale wären dann ein guter Weg, mit den Wurzeln meiner Vorfahren in Berührung zu kommen. Häufig verlieren wir unsere Wurzeln durch zu große Mobilität. Wir rasen von einem Ort zum andern, wechseln ständig die Arbeits- und Wohnorte. Daher ist die Depression auch eine Mahnung, das eigene Tempo anzuschauen und unser Bedürfnis nach Heimat, nach einem Ort, an dem wir zu Hause sind, an dem unser Baum Wurzeln schlagen kann, angemessen zum Ausdruck zu bringen.

Eine andere Botschaft der Depression ist die Maßlosigkeit. Weil wir zu viel wollen, weil wir zu viel arbeiten, zu viel besitzen, bei allem mitmachen wollen, überall dabei sein wollen, überfordern wir uns. Die Depression ist dann eine Mahnung, unser eigenes Maß zu entdecken und sich damit zufriedenzugeben. Zu dieser Maßlosigkeit gehört auch der Anspruch, dass wir das Leid verdrängen und nur in den Erfolg verliebt sind. In einer Gesellschaft, die das Leid verdrängt, fühlt sich jeder, der leidet, bald als depressiv oder psychisch krank. Leid gehört aber wesentlich zum menschlichen Leben. Daher ist die Depression immer auch eine Mahnung, Ja zu sagen zu mir als einem Menschen, den auch ein Leid treffen kann.

Aber die Frage nach der Hilfe im Leiden bleibt. Wenn jemand in der Depression steckt, wie kann ich ihm zumindest helfen, seine Depression positiver zu sehen?

Mögliche Hilfen der Verwandlung Eine Hilfe ist, mit einem Begleiter über meine Depression zu sprechen. Der Begleiter kann eine Depression nicht heilen. Aber er kann dem depressiven Menschen helfen, dass er mit seiner Depression spricht und dass er mit dem Begleiter über sie spricht. Wenn ich über die Depression spreche, habe ich schon etwas Abstand dazu.

Wenn ich selber depressiv bin, dann ist es wichtig, die Depression anzuschauen. Der Punkt in mir, der die Depression anschaut, ist von der Depression nicht bestimmt. Dieses Anschauen löst mich schon aus dem Griff der Depression. Ich habe schon etwas Abstand zu ihr. Diese Distanz ist schon etwas Wichtiges. Denn wir können die Depression nicht einfach loswerden. Wir müssen sie annehmen. Nur was wir angenommen haben, kann verwandelt werden.

Zunächst etwas über die Verwandlung der sogenannten »reaktiven Depression«, also der Depression, mit der wir auf unsere Maßlosigkeit, auf einen großen Schmerz, auf den Verlust lieber Menschen oder auf den Verlust des Arbeitsplatzes oder auf eine tiefe Enttäuschung reagieren. Die »reaktive Depression« kann sich wandeln in eine klare Sicht meiner selbst und meiner Situation, wenn ich ihre Botschaft verstehe. Sie ist eine Einladung, das, was mich so bedrückt, zu betrauern. Die Depression äußert sich oft in Erstarrung. Sie wandelt sich, wenn die Erstarrung sich löst in Trauer und Weinen. Wenn ich in der Depression nicht nur weinerlich bin, sondern wirklich zu weinen vermag, dann erlebe ich die Depression als innere Reinigung. Sie reinigt mich von falschen Selbstbildern. Der Dichter Christian Morgenstern sagt einmal: »Jede Krankheit hat einen besonderen Sinn, denn jede Krankheit ist eine Reinigung, man muss nur herausbekommen, wovon.« Wenn ich also erkenne, wovon mich meine Depression reinigen möchte, dann wird sie sich wandeln. Sie will mich möglicherweise von falschen Vorstellungen vom Leben und von mir selbst reinigen, von den Trübungen meiner Augen, die alles negativ sehen.

Den oft zu beobachtenden Zusammenhang von Schuldgefühlen und Depression zu betrachten, ist wichtig: Die Depression zeigt sich häufig darin, dass man sich für alles schuldig fühlt. Eine depressive Frau fühlte sich schuldig für die Insolvenz, die ihr Mann mit seinem Geschäft erlitten

Schuldgefühle und Depression

hat, obwohl sie gar nichts mit dem Geschäft zu tun hatte. Wie damit umgehen? Zunächst gilt auch hier wieder: Es ist wichtig, diese Schuldgefühle zuzulassen und Gott hinzuhalten. Wenn ich Gottes Liebe in meine Schuldgefühle hineinströmen lasse, können sie sich auflösen.

Eine andere Hilfe, die Schuldgefühle zu verwandeln, ist für mich, mir das Wort aus 1 Joh 3,20 vorzusagen: »Denn wenn das Herz uns auch verurteilt, Gott ist größer als unser Herz und er weiß alles.« Auch indem ich dieses Wort in meine Schuldgefühle hineinspreche, können sie sich auflösen.

Bei jeder Depression geht es darum, die Situation anzunehmen und sich etwa seine Antriebslosigkeit einzugestehen: »Ich habe jetzt wirklich zu nichts Lust. Ich möchte am liebsten liegen bleiben.« Wenn ich mir das eingestehe, kann ich mich zugleich fragen: »Gibt es wirklich nichts, wofür es sich lohnt, zu leben? Gibt es wirklich nichts, woran ich mich freuen kann?« Indem ich mitten in meiner Antriebslosigkeit solche Fragen zulasse, kann sich in mir die Lust regen, doch nicht ganz aufzugeben und mich dem Leben zuzuwenden. Wenn die Lust aufzustehen, noch zu schwach ist, hilft mir das Wort Jesu, das er dem depressiven Gelähmten sagt, der sich nur beklagt, dass keiner ihn versteht und keiner sich um ihn kümmert: »Steh auf, nimm dein Bett und geh!« (Joh 5,8) Jesus geht hier nicht auf das depressive Jammern des Kranken ein, sondern konfrontiert ihn mit der Kraft, die trotz seiner Antriebslosigkeit in ihm steckt.

Bitterkeit oder   Unser Medizinbetrieb neigt, oft zu
Aussöhnung   recht, oft aber vielleicht auch vorschnell

zur Verschreibung von Medikamenten. Sicher, es gibt Depressionen, die nicht durch Gespräche geheilt werden können. Diese Menschen brauchen Medikamente. Und trotz der Medikamente erleben sie immer wieder einen Rückfall in die Depression. Diese Menschen sind oft verzweifelt und haben das Gefühl, für ihre Umgebung nur eine Belastung zu sein. Aber auch diese Depression kann verwandelt werden. Wir können uns die depressive Krankheit nicht aussuchen. Manchmal ist sie vererbt. Aber es ist unsere Aufgabe, mit dieser Depression umzugehen. Ich kann meine Depression zu einer Anklage gegen die Umgebung verwandeln: Die anderen sind schuld, dass es mir so schlecht geht. Sie verstehen mich nicht. Sie haben keine Zeit für mich. Sie lassen mich allein. Dann wird meine Depression in Bitterkeit verwandelt und ich vergifte die Atmosphäre um mich herum. Oder aber ich kann mich aussöhnen mit meiner Depression. Dann werde ich auch in meiner depressiven Gelähmtheit, in der Erfahrung depressiver Dunkelheit zu einem Menschen, der tiefer sieht. Von mir geht die Botschaft aus, dass ich kein oberflächlicher Mensch bin, sondern einer, der die Tiefen des Menschseins kennt. Die Kunstgeschichte erzählt uns von vielen Künstlern, die an Depressionen gelitten und großartige Werke geschaffen haben. Auf diese Weise hat der Theologe Romano Guardini seine Depression verwandelt. Er hat ein Buch über die Schwermut geschrieben. Er litt unter der Schwere, die sich auf seine Seele legte. Aber er machte auch die Erfahrung, »dass der Druck sich löst, dass die innere Eingeschlossenheit sich auftut, und dann jene Leichtigkeit des Daseins aufsteigt; jenes schwebende Gehobensein des ganzen Menschen; jene Durchsichtigkeit der Dinge und des Daseins; jene Klarheit der Schau.« (Vom Sinn der Schwermut, S. 41) Für Romano Guardini wandelt sich die Depression, wenn sie zu einer spirituellen Erfahrung wird. Diese spirituelle Erfahrung nennt der Mystiker Johannes vom Kreuz »dunkle Nacht der Seele«. Die dunkle Nacht ist nicht identisch mit der Depression. Aber wenn ich meine Depression vor Gott annehme, kann sie zur dunklen Nacht werden, die mich reinigt von meinen Vorstellungen von Gott und von mir selbst und mir manchmal einen klaren Blick auf das Geheimnis Gottes und das Geheimnis meines Menschseins schenkt.

Die Angst vor dem Suizid eines depressiv Kranken führt uns oft dazu, dass wir unsere Grenzen überspringen und meinen, wir müssten den depressiven Menschen unter allen Umständen davor bewahren. Doch wir müssen unsere eigene Grenze anerkennen. Es ist immer die Entscheidung des depressiven Menschen selbst, ob er seinem Leben ein Ende setzt. Wir dürfen uns da kein schlechtes Gewissen aufdrängen lassen.

Von der Hoff-
nungslosigkeit zur
Hoffnung

Eine Hilfe, dass der Depressive sich nicht als Last versteht, sondern in seiner Depression einen Sinn erkennt, ist: die Depression stellvertretend für andere auf sich zu nehmen. Wenn ich zu dieser Einstellung kommen kann, dann bekommt meine Depression einen Sinn. Ich bin keine Last für andere. Ich leiste etwas für andere, indem ich nicht an meiner Depression verzweifle, sondern sie bewusst für andere trage. Diesen Weg hat Elisabeth Ott in ihrem Buch über die dunkle Nacht der Seele beschrieben.

Sie geht auf die Depressionen ein, die Martin Luther erlitten hat. Und sie zitiert dabei den Psychologen Erik H. Erikson, der ein Buch über Luther geschrieben hat. Er meint, Luther hätte in seinen depressiven Phasen »die Schmutzarbeit seines Zeitalters« geleistet. Die Depression Luthers war zwar seine persönliche Erfahrung, aber zugleich hat er damit der Welt etwas Wichtiges verkündet: den befreienden Weg aus der Angst vor dem rigorosen Richtergott, die damals die Menschen quälte.

Ähnlich war die depressive Erfahrung von Reinhold Schneider gleichsam ein stellvertretendes Leiden für die Menschen seiner Zeit. Schneider hat das Leiden an der Absurdität der Geschichte und an der Oberflächlichkeit eines rein äußeren Glaubens stellvertretend für seine Zeitgenossen auf sich genommen. Der Gedanke der Stellvertretung kann auch heute depressiven Menschen helfen, sich mit ihrer Depression auszusöhnen. Sie fühlen sich dann nicht als Versager, nicht als Last für ihre Umgebung. Sie haben vielmehr das Gefühl, dass die Depression ihre Aufgabe ist, diese Welt an der dunkelsten Stelle etwas zu erhellen. Das nimmt der Depression das Drückende. Sie wird verwandelt in Liebe zu den anderen Menschen, für die man stellvertretend seine Depression durchleidet. Die depressiven Menschen sind ein lebendiger Protest gegen die Erfolgsideologie, gegen die einseitige Fixierung auf körperliche und geistige Fitness und auf Erfolg und Gelingen. Sie haben also auch eine wichtige Botschaft für die »Gesunden«.

Die Verwandlung der Depression hebt also die Depression nicht auf. Sie bleibt, aber sie wandelt sich von einer

Belastung für andere zur Hingabe für sie, von Hoffnungs-
losigkeit in Hoffnung, von Dunkelheit in Klarheit und von
Traurigkeit in einen tiefen inneren Frieden. Sie wandelt
sich von einem Ort der Gottferne in einen Ort der besonderen Nähe zu Gott und der tiefen Erfahrung eines Gottes, der all unsere Bilder übersteigt, die wir uns von ihm
gemacht haben.

Ritual

*Als Meditation möchte ich die Übung vorschlagen, die der
alte Mönchspsychologe Evagrius Ponticus »Türhüterübung«
nennt: Setze dich bequem hin. Dann versetze dich in eine
depressive Stimmung, die du einmal erlebt hast. Und dann
lasse einfach die Gedanken hochkommen, die in der Depression in dir aufsteigen. Dann frage jeden Gedanken, der an
deine Tür klopft: Bist du mir freundlich gesinnt? Was möchtest du mir sagen? Welche Sehnsucht steckt in dir? Worauf
willst du mich hinweisen? Oder bist du ein Gedanke, der sich
in mir festsetzen will, ein Hausbesetzer, der mir das eigene
Hausrecht streitig macht? Wenn du spürst, dass es ein
Gedanke ist, der dir nicht gut tut, dann lasse ihn nicht in dein
Haus eintreten. Schicke ihn weg. Wenn du so eine Zeit lang
sitzt und alle Gedanken zulässt, die in dir aufsteigen, aber
zugleich alle Gedanken nach ihrer Botschaft befragst, wirst
du auf einmal eine tiefe Ruhe in dir spüren. Du hast keine
Angst mehr vor depressiven Stimmungen. Sie dürfen sein.
Aber du bist der Herr in deinem Haus. Du entscheidest, mit
welchem Gedanken und welcher Emotion du dich gerne länger unterhalten möchtest, und welches Gefühl und welchen
Gedanken du wegschickst, weil du mit ihm nichts zu tun
haben willst.*

7. Wandle UNGEDULD in Gelassenheit

Es ist manchmal zum Aus-der-Haut-Fahren. Da steht man im Hotel oder bei einem Fest in der Schlange vor dem Buffet – und manche in der Reihe vor uns können sich einfach nicht entscheiden, ob sie nun Käse oder Wurst nehmen. Und wenn Wurst, dann: welche Sorte? Auch das gibt es: Nach der Arbeit muss man in einer Schlange vor der Kasse im Supermarkt warten und ärgert sich darüber, dass gerade jetzt alle Rentner einzukaufen scheinen, die doch den ganzen Tag dafür Zeit gehabt hätten. Das ist für viele Berufstätige ein Horror. Und wenn sich der Mann, der von Natur aus sowieso ein Konsummuffel ist, seine Frau beim Kleiderkauf begleiten soll und die sich zwischen zwei Modefarben oder Schnitten nicht entscheiden kann, dann kann es schon einmal zum Ehekrach kommen. Das nervt.

Ungeduld kann nerven

Geduld ist nicht jedermanns Stärke: Wer hat nicht schon erlebt, an der Kinokasse oder am Flughafenschalter, dass Ungeduldige in der Schlange drängeln. Der Ungeduldige wird ärgerlich, wenn ein Mensch nicht sofort auf seine SMS oder seine Mail antwortet. Er schreibt sofort eine zweite Mail, um eine möglichst schnelle Antwort zu erzwingen. Solche Menschen können den anderen meist auch nicht so akzeptieren, wie er ist. Sie denken, der andere müsse sich doch endlich ändern. Er müsse doch endlich lernen, sich anders zu verhalten bei der Arbeit oder beim Gespräch.

Unsere Wertung ist klar. In der Tradition gilt die Ungeduld nicht als Tugend, sondern als Untugend. Nicht zuletzt deswegen, weil sie negative Emotionen hervorruft. Franz Kafka geht sogar so weit, zu sagen: »Vielleicht gibt es nur eine Hauptsünde: die Ungeduld.« Ungeduldige Menschen sind anstrengend. Mit ihnen kann man nicht gut zusammenarbeiten. Mit der Ungeduld paart sich oft Aggressivität und unangemessenes Anspruchsdenken. Sie meinen, der andere müsse so sein, wie sie sich das vorstellen.

Die andere Seite: Bei Personalchefs, die Mitarbeiter einstellen ist eine beliebte Frage: »Was ist denn Ihre Schwäche?« Und man weiß, dass man dann am besten antwortet: »Ich bin oft ungeduldig.« Es gilt das Klischee, dass ungeduldige Mitarbeiter etwas in Gang bringen, dass sie Energie mitbringen, etwas bewegen. Doch die Unfähigkeit zu warten, einen klaren Kopf zu bewahren, einen ruhigen und gelassenen Überblick zu haben, ist genauso problematisch und für ein Unternehmen riskant.

Das Warten akzeptieren – einfach da sein Das Wesen der Ungeduld besteht in der Unfähigkeit zu warten. Ich möchte zunächst einfach einmal verschiedene Situationen beschreiben, in denen sich die Ungeduld in Geduld wandeln kann. Die erste Situation: die Schlange vor der Kasse oder vor dem Flughafenschalter. Ich nehme meine Ungeduld wahr. Ich kann nicht gut warten. Aber dann kann ich mir sagen: Mit meiner Ungeduld geht es auch nicht schneller, da komme ich nicht eher dran. Würde ich mich vordrängen, würde das nur die Aggression aller in der Schlange Stehenden auf mich ziehen. Also kann ich die Ungeduld nur akzeptieren und mir sagen: Ich stehe jetzt in der Schlange. Ich habe

Zeit. Ich genieße die Zeit zum Nachdenken. Ich nütze die Zeit, um für andere zu beten, um zu meditieren, um in meine Mitte zu kommen. Heute nutzen viele die Zeit in der Schlange damit, ihre SMS abzurufen und zu beantworten. Aber das verwandelt nicht die Ungeduld. Es richtet sie nur auf ein anderes Ziel aus. Ich kann auch beim Beantworten meiner Mails oder SMS ungeduldig bleiben. Ich bin innerlich gespannt. Verwandelt wird die Ungeduld nur, wenn ich bewusst das Warten akzeptiere und es genieße, einmal nichts zu tun, sondern einfach da zu sein.

Die zweite Situation, die ich betrachten möchte: Ich habe eine Anfrage per Mail geschrieben. Und ich warte ungeduldig auf eine Antwort. *Ungeduld in Sorgfalt verwandeln* Denn von der Antwort hängt meine Planung für den nächsten Tag oder die nächste Woche ab. Statt ständig auf meinen PC oder mein Smartphone zu starren, mache ich die Arbeit, die gerade ansteht. Und ich sage mir: Die Antwort wird schon kommen. Es lohnt sich nicht, nochmals nachzufragen. Vielleicht ist der andere heute auswärts. Oder aber er ist in Urlaub. Wenn es wichtig ist, wird schon ein Mitarbeiter antworten. Ich mache mich nicht verrückt. Ich plane eines nach dem andern. Und ich konzentriere mich auf das, was ich gerade tue. Dann wandelt sich die Ungeduld in Sorgfalt, mit der ich meine Arbeit jetzt verrichte. Wenn dann eine Antwort kommt, freue ich mich. Aber ich habe nicht ungeduldig ständig nach der Antwort Ausschau gehalten.

Eine dritte Situation: Ein Mitmensch nervt mich, weil er so langsam ist, weil er *Den anderen einfach lassen wie er ist*

103

sich nicht entscheiden kann, weil er so umständlich erzählt und nicht zum Wesentlichen kommt. Ich spüre die Ungeduld, die in mir auftaucht. Der andere raubt mir meine Zeit. Aber er macht mich auch nervös, weil er so langsam ist. Wenn solche Ungeduld in mir auftaucht, dann sage ich mir vor: Ich habe kein Recht, über ihn zu urteilen. Er ist so, wie er ist. Er darf so sein. Ich habe andere Schwächen. Warum muss ich den anderen in meine Vorstellungen hineinzwängen? Warum darf er nicht so langsam sein? Es ist sein Charakter, seine Form zu leben. Ich lasse ihn so, wie er ist. Aber ich nehme auch mich mit meiner Ungeduld ernst. Wenn mir das Gespräch zu lange dauert, dann beende ich es. Ich habe die Freiheit, mit dem anderen so lange zu sprechen, wie es für mich stimmig ist. Dann steigere ich mich nicht in meine Ungeduld hinein. Natürlich fällt das nicht immer leicht, den anderen so zu lassen, wie er ist. Aber mein ständiges Herumkritisieren oder mein inneres Verurteilen verwandelt ihn nicht. Meine Ungeduld kann sich in Gelassenheit wandeln. Gelassenheit ist die Tugend, den anderen zu lassen, wie er ist. Die chinesische Philosophie ist überzeugt, dass wir durch das Sein-Lassen am besten wirken. Das Lassen wird für den andern zum Segen.

Der Grashalm wächst nicht schneller, wenn man an ihm zieht

Wer ungeduldig ist, zieht ständig an seinen Wurzeln. Doch wie das afrikanische Sprichwort sagt, der Grashalm wächst nicht schneller, wenn man an ihm zieht. Wir möchten, dass wir uns schneller entwickeln, dass wir uns schneller verändern. Doch die Natur sagt uns: Es geht ums Wachsen. Und wachsen kann ein

Baum nur, wenn er gute Wurzeln hat. Um die eigenen Wurzeln zu spüren, brauche ich Augenblicke der Stille und Ruhe. Ich setze mich hin und frage mich: Was sind meine Wurzeln und wohin will mein Lebensbaum wachsen? Ich spüre dann meine Ressourcen, aus denen ich schöpfen kann.

In dieser Ruhe wächst in mir das Vertrauen, dass mein Leben gut wird, dass ich immer mehr in die Gestalt hineinwachse, die Gott mir zugedacht hat. Der Ungeduldige schneidet sich von seinen eigenen Wurzeln ab. Vor lauter Herumändern trennt er sich von den Kräften, die ihm von seinen Wurzeln her zuströmen möchten. Daher muss der Ungeduldige lernen, sich bewusst Zeit zu nehmen, um sich selber erst einmal so zu lassen, wie er ist. Erst in einem zweiten Schritt kann er sich dann fragen: Wohin möchte ich kommen? Und was hilft mir, dass mein Baum gut weiterwächst?

Ritual

Beobachte dich selbst, wenn du ungeduldig bist. Nimm einfach das Gefühl der Ungeduld wahr und dann frage dich: Was für eine Sehnsucht und welche Erwartung stecken denn in meiner Ungeduld? Möchte ich, dass alles immer schnell geht, dass ich meine Bedürfnisse sofort erfülle? Warum kann ich nicht warten? Macht mir Warten Angst, weil ich da meine Ohnmacht spüre? Stecken in meiner Ungeduld infantile Bedürfnisse, etwa das Bedürfnis, immer der Beste und Erfolgreichste zu sein? Bewerte deine Ungeduld nicht, sondern schaue sie an und gehe ihr auf den Grund. Dann wirst du durch deine Ungeduld hindurch dich selber besser kennen lernen. Und du wirst über dich schmunzeln, welch infantile

Bedürfnisse in dir sind. Dann wird sich deine Ungeduld in Gelassenheit dir selbst gegenüber wandeln. Du lernst, dich selbst zu lassen als diesen Menschen, der manchmal ganz kindliche Bedürfnisse hat.

8. Wie EIFERSUCHT zum Einfallstor der Liebe wird

»Neid und Eifersucht« werden oft mit-einander genannt. Trotzdem unterscheiden sie sich. Neid kann sich auf alle Menschen beziehen, die etwas haben, was einem selber fehlt. Von Eifersucht sprechen wir nur dort, wo es um Beziehung geht. Da erwartet eine junge Familie das zweite Kind – und der Erstgeborene wird richtiggehend aggressiv, als die kleine Schwester kommt und er nicht mehr die ungeteilte Aufmerksamkeit seiner Eltern erhält. Es ist nicht leicht, zu akzeptieren, dass ein Beziehungsgefüge sich verändert. Ein anderes Beispiel: Eine frisch verheiratete Frau ist plötzlich rasend eifersüchtig auf ihren Mann, der im Büro eine attraktive Frau als Sekretärin beschäftigt. Er versichert zwar, dass er überhaupt kein Interesse an seiner Sekretärin als Frau habe. Doch seine Frau steigert sich in ihre Eifersucht hinein. Liebt ihr Mann sie denn wirklich, und zwar so, wie sie ihn liebt? Sie erkennt, dass sie mit ihrer Reaktion nur sich selbst und ihrem Partner schadet. Denn irgendwann geht es dem auf die Nerven, seiner Frau immer wieder neu zu schwören, dass er nur sie liebt, und immer wieder zu beteuern, dass er sie auch wirklich liebt. Obwohl sie sich selber damit quält, kommt sie nicht weg von ihrem Wahn. Sie macht ihm Szenen, durchsucht heimlich seine Taschen, macht Kontrollanrufe oder checkt seine E-Mails – und weiß doch, dass das nicht richtig ist.

Eifersüchtig auf ihren Mann kann eine Frau sein, nicht nur wenn sie Angst hat, dass er sich auf eine andere Frau

Die Angst vor Verlust und Verletzung

einlässt. Sie kann schon eifersüchtig sein, wenn er bei anderen Frauen beliebt ist, wenn die ihn gar anhimmeln. Umgekehrt wird der Mann eifersüchtig auf seine Frau, wenn sie von Männern bewundert wird, wenn man ihr etwas Nettes sagt.

Eifersucht gibt es in der Ehe und in der Freundschaft. Immer aber ist Angst vor Verletzung oder das Gefühl des Selbstwerts im Spiel. Es geht um Schmerz und Verlustangst. Manchmal haben Betroffene den Eindruck, von Eifersucht »überfallen« zu werden. Oder sie steigern sich in das Gefühl hinein. Man spricht von »rasender Eifersucht« und deutet damit an, dass alle Versuche, sie rational aufzulösen, nicht gelingen. Eifersucht ist ein schmerzliches Gefühl. Das Empfinden, ungerecht behandelt zu werden, verbindet sich mit der Sehnsucht nach Liebe. In diesem bitteren Gefühl steckt auch Liebe. Aber etwas stößt uns sauer auf in unserer Liebe.

Verletzter Stolz und Bedrohung Eifersucht, ob in der Freundschaft oder in einer Paarbeziehung zwischen Mann und Frau, ist eine Emotion, die man nicht gerne zugibt. Sie berührt den eigenen Stolz. Und man hat Angst, dass der andere sich meinen Emotionen entzieht. Es wird nicht einfacher, wenn der andere dann sagt: »Die Eifersucht ist dein Problem. Es gibt gar keinen Grund. Es ist deine Einbildung, deine Illusion. Die hat mit mir und meinem Verhalten nichts zu tun.« Bei Eifersucht kann man nicht objektiv erkennen, ob sie richtig oder falsch ist. Sie ist ein subjektives Gefühl. Wer kann es denn wirklich ganz sicher wissen: Vielleicht provoziert es der Mann ja wirklich, dass die Frauen hinter ihm herlaufen und ihn bewundern? Vielleicht existiert dies aber nur im meiner Fantasie? Ich komme mir jedenfalls klein vor. Ich empfinde die Fragilität der Beziehung als reale Bedrohung. Und ist es nicht natürlich, dass ich ihn ganz für mich zu besitzen versuche, dass ich ihn nicht mit anderen Frauen teilen will? Diese Ausschließlichkeit gehört doch zur Liebe? Und auch wenn der Partner die Eifersucht noch so oft zu zerstreuen versucht: Der betroffenen Frau hilft das nicht weiter. Sie denkt: Er nimmt mein Gefühl nicht ernst.

Deswegen ist dies eine Emotion, die die betroffene Person selber behandeln sollte, egal was der andere dazu sagt und *Das Gefühl ernst nehmen* wie er darauf reagiert. Man sollte dabei nicht so sehr auf die Beurteilung oder Bestätigung der Eifersucht durch den Partner schauen. Ich sage etwa einer Frau, die unter Eifersucht leidet und mich um Rat fragt oder um Hilfe bittet: »Wichtig ist, dass du selbst dein Gefühl ernst nimmst. Dein Gefühl sagt dir ja, dass er dich liebt. Aber dann sollst du auch deine Eifersucht genauer anschauen. Du möchtest den Partner auch ganz für dich besitzen. Doch das gelingt dir nicht. Du kannst ihn ja nicht einsperren. Er wird immer mit anderen Frauen in Kontakt kommen. Also kannst du die Eifersucht in dir nur wahrnehmen und sie zum Anlass nehmen, Gott um Segen für eure Beziehung zu bitten. Gott möge eure Liebe schützen. Wenn du die Eifersucht als Einladung verstehst, für eure Beziehung zu beten, dann wird sie sich langsam wandeln in Vertrauen.«
Wenn ich eifersüchtig bin, zeige ich dem anderen darin auch meine Liebe. Manchmal ist das tatsächlich belebend, vergleichbar einem angenehm sauren Geschmack im Obst

oder in bestimmten Gerichten. Etwas Eifersucht, etwas Säure macht die Beziehung lebendiger. Aber zu viel davon wäre gefährlich und schädlich.

Das Wort Eifer meint ja ursprünglich ein »heftiges Bemühen um eine gute Sache«. Jemand ist eifrig bei der Sache. Er zeigt einen großen Eifer, etwas zu schaffen und zu vollbringen. Der heilige Benedikt spricht in seiner Regel von einem doppelten Eifer. Eifer ist dabei die Übersetzung des lateinischen *zelus*: »Wie es einen bitteren und bösen Eifer gibt, der von Gott trennt und zur Hölle führt, so gibt es den guten Eifer, der von den Sünden trennt, zu Gott und zum ewigen Leben führt. Diesen Eifer sollen also die Mönche mit glühender Liebe in die Tat umsetzen.« (RB 72,1–3)

Bewusstmachung kann hilfreich sein

Im Wort »Eifersucht« ist mehr der negative Eifer gemeint. Dieser Eifer macht süchtig. Es ist tatsächlich eine Sucht, eifersüchtig zu sein. Goethe wird das Wort zugeschrieben: »Eifersucht ist eine Leidenschaft, die mit Eifer sucht, was Leiden schafft.« Das Ergebnis der Eifersucht ist meistens Leiden. Die eifersüchtige Frau, der eifersüchtige Mann quält sich. Und umgekehrt: Sie bereiten auch ihrem Ehepartner, ihrer Freundin Leiden. Dabei hilft es nicht, dem Partner vorzuwerfen, dass er eifersüchtig sei. Er bräuchte doch gar keinen Grund für die Eifersucht haben. Rationale Argumente und moralisierende Vorwürfe können die Eifersucht nicht verwandeln. Im Gegenteil, sie wird immer größer.

Ein Beispiel: Ein junger Mann fragt seine Frau, ob es ihr recht sei, wenn eine frühere Jugendfreundin für zwei Tage zu Besuch käme. Die Ehefrau ist einverstanden. Sie weiß um diese alte Freundschaft und ist sich der Liebe ihres Mannes sicher. Doch als die frühere Freundin dann da ist, kann die Ehefrau es kaum aushalten. Wider ihren Willen ist da plötzlich eine starke Eifersucht in ihr. Sie fühlt sich ganz ohnmächtig diesem Gefühl gegenüber. Sie hat Angst, dass ihr Mann die alte Freundin immer noch oder auch wieder lieben könnte. Sie denkt an die gemeinsame Geschichte, die er und seine alte Freundin miteinander hatten und an der sie keinen Anteil hatte. Das zu verstehen und sich bewusst zu machen, kann schon hilfreich sein. Man kommt von Eifersucht nicht los, wenn man sie unterdrückt. Doch wie kann die Eifersucht verwandelt werden?

Das Gespräch mit der Eifersucht ist ein erster Schritt. Ich befrage die Eifersucht, ob sie einen Grund hat im Verhalten meines Partners oder meiner Partnerin. Oft wissen die Eifersüchtigen durchaus, dass der Partner ihnen treu ist und keinen Anlass zur Eifersucht bietet. Aber sie kommen trotzdem nicht von ihrem Gefühl los, steigern sich sogar immer noch mehr hinein. Sie ärgern sich gleichzeitig darüber, fühlen sich trotzdem ohnmächtig. Das Gespräch mit der Eifersucht bringt mich wieder in Berührung mit mir selbst und mit meiner Vernunft. Ich durchleuchte meine Eifersucht. Ich frage sie, woher sie rührt. Vielleicht sind es Erfahrungen von Verlassenheit in der Kindheit oder Erfahrungen von Zurücksetzung und von Nicht-Beachtetwerden. Die Eifersucht der Frau dem Mann gegenüber hat zum Beispiel oft ihren Grund in der unklaren Vaterbeziehung. Wenn der Vater nicht verlässlich war,

Nach dem Grund fragen

sich entzogen hat, dann projiziert sie das Verhalten des Vaters auf den Partner. Ähnlich ist es bei der Eifersucht des Mannes seiner Frau gegenüber. Das hat oft mit seiner ambivalenten Mutterbeziehung zu tun. Wenn ich das erkenne, ist das keine Entschuldigung für meine Eifersucht. Aber ich kann sie verstehen. Und wenn ich sie verstehen kann, kann ich zu ihr stehen. Ich höre auf, mich selbst zu verurteilen.

Verdrängte   Eifersucht hat mit dem Sicherheitsge-
Sehnsucht nach   fühl zu tun. Und das wiederum oft
Sicherheit   genug mit der eigenen Lebensge-
schichte. Kinder, die eine verlässliche Bindung zu ihren Eltern hatten, zu Vater und Mutter gleichermaßen, sind später weniger anfällig für Eifersucht. Aber man soll sich nicht allein mit der Entstehung und den Ursachen der Eifersucht beschäftigen. Ein zweiter Schritt ist daher, die Eifersucht auf die ihr immanente Sehnsucht hin zu befragen. Oft ist Sucht ja verdrängte Sehnsucht. Ich verurteile meine Eifersucht nicht, sondern spüre die Sehnsucht, die darin steckt. Es ist die Sehnsucht, den Partner ganz für mich zu besitzen, dass er nur mich beachtet, dass er seine Zeit nur mit mir verbringt, dass er nur mich toll findet. Doch wenn ich mir diese Sehnsucht erlaube und zu Ende denke, merke ich: Es ist unrealistisch: Ich kann meinen Mann oder meine Frau ja nicht einsperren. In einem solchen Fall wird eine Beziehung vermutlich langweilig. Eine Frau erzählte mir, ihr Mann sei eifersüchtig, wenn sie zu ihren Freundinnen geht, um sich mit ihnen zu unterhalten. Er möchte, dass sie immer bei ihm ist. Aber wenn sie bei ihm ist, hat er nichts zu sagen. Er setzt sich dann vor

den Fernseher, anstatt mit ihr zu sprechen. Er möchte nur über sie verfügen. Sie hat bei ihm zu sein. Wenn ich die Eifersucht auslebe, dann blockiere ich die Beziehung und schade ihr auf Dauer.

Wenn ich meine Eifersucht auf meine Sehnsucht hin befrage, werde ich erst einmal entdecken, dass in meiner Eifersucht eine große Liebe steckt. Ich liebe *Liebe braucht Vertrauen. Kontrolle tötet die Liebe* meinen Partner. Aber diese Liebe ist zugleich mit unrealistischen Erwartungen verbunden: mit der Erwartung, dass ich ihn ganz besitzen und immer bei mir haben kann. So wird die Eifersucht für mich zur Einladung, Gott um das Vertrauen zu bitten, dass meine Partnerschaft hält und wir beide einander treu bleiben. Die Eifersucht fordert mich also heraus, über das Wesen der Liebe nachzudenken: Liebe ist immer ein Geschenk. Sie lässt frei und zugleich möchte sie die Nähe des anderen. Liebe braucht das Vertrauen. Wenn ich Kontrolle in die Liebe hineinbringe, dann töte ich die Liebe ab.

Es hat keinen Sinn, die Eifersucht auszuleben. Denn dann bereite ich meinem Partner die Hölle. Es gelingt aber auch *Wie Eifersucht ihre Bitterkeit verliert* nicht, sie zu unterdrücken. Dann leide ich ständig darunter. Denn sie taucht trotzdem immer wieder auf. Es geht darum, die Eifersucht in Liebe zu verwandeln. Ein wichtiger Weg der Verwandlung ist, dass ich meine Eifersucht Gott hinhalte. Ich gebe zu, dass ich mich ohnmächtig meiner Eifersucht gegenüber fühle. Sie ist einfach da. Sie überfällt mich. Ich schaue sie an und halte sie ins Licht

Gottes, damit Gottes Licht und Gottes Liebe in meine Eifersucht einströmen und sie verwandeln können. Wenn ich lange genug meine Eifersucht Gott hinhalte und mir vorstelle, dass seine Liebe in meine Eifersucht eindringt, dann wird die Eifersucht ihre Bitterkeit und Macht verlieren. Sie wird dann zum Einfallstor der Liebe.

Manchmal braucht es ein Stoppschild Was heißt das aber: meine Eifersucht Gott hinhalten? Wem das schwerfällt, dem rate ich: Versuche, deine Eifersucht einfach anzuschauen und dich von ihr zu distanzieren. Wenn du die Eifersucht angeschaut hast, sage einfach: Stopp. Manchmal braucht es ein Stoppschild, damit sich die Eifersucht in Liebe verwandeln kann. Wenn ich mich in die Eifersucht hineinsteigere, wenn ich mir ausmale, was jetzt mein Mann mit seiner Sekretärin spricht, sie freundlich anschaut, sie vielleicht sogar zärtlich streichelt, dann muss ich Stopp sagen. Es lohnt sich nicht, sich hineinzusteigern. Dann wird die Eifersucht immer schlimmer. Versteckte Eifersucht kann sich eines Tages mit Gewalt oder in anderen negativen Emotionen ausdrücken. Nicht nur Frauen sind eifersüchtig. Auch Männer wollen sich nicht eingestehen, dass sie eifersüchtig werden. Sie verwandeln dieses Gefühl in Wut, Hass oder Aggression. Nicht nur viele Romane und Theaterstücke erzählen davon.

Eifersucht als gegenseitige Herausforderung Auch die Bibel erzählt von der Eifersucht, etwa in der Erzählung von den Schwestern Maria und Marta. Jesus ist mit beiden Frauen befreundet. Marta sorgt für Jesus und seine Jünger, deckt den Tisch, sorgt für die Speisen. Maria setzt sich einfach zu Füßen Jesu und hört ihm zu. Da wird Marta ärgerlich. Sie fühlt sich in der Arbeit alleingelassen von ihrer Schwester und ist eifersüchtig auf sie, die näher an Jesus ist und sagt: »Herr, kümmert es dich nicht, dass meine Schwester die ganze Arbeit mir allein überlässt? Sag ihr doch, sie soll mir helfen!« (Lk 10,40) Doch Jesus rechtfertigt das Verhalten Marias: »Marta, Marta, du machst dir viele Sorgen und Mühen. Aber nur eines ist notwendig. Maria hat den guten Teil gewählt, der soll ihr nicht genommen werden.« (Lk 10,41f.) Man kann diese Szene verschieden auslegen. Auf der einen Seite sind Maria und Marta zwei Seiten in jedem von uns. Aber wir können die Geschichte auch als Geschichte der Eifersucht zwischen zwei Schwestern interpretieren. Dann wäre die Antwort Jesu: »Sei ganz bei dem, was du tust. Für dich stimmt es, den Tisch zu decken und gastfreundlich zu sein. Dafür sind wir dir dankbar. Aber lass auch deine Schwester das tun, was für sie gerade wichtig ist. Sie möchte meine Botschaft hören. Beides ist gleich gut. Aber wir sollen nicht eifersüchtig sein auf das, was die andere tut und wie viel Nähe die andere erfährt.« Die Verwandlung der Eifersucht geht also über den Weg, ganz bei sich selbst zu sein und sich nicht ständig beim anderen aufzuhalten, was der denken oder tun könnte, oder was er hat und ich nicht habe. Aber auch so kann man diese Geschichte lesen: Wenn Maria – die ja ebenfalls Gastgeberin ist – sensibler für ihre Schwester Marta wäre, wäre Marta gar nicht in die Lage gekommen, eifersüchtig zu sein. Eifersucht ist also auch eine gegenseitige Herausforderung. Probleme sollten nie nur der einen Seite angelastet werden. Es geht immer um das Verhalten beider Seiten. Wenn mein Verhalten dem anderen schadet, wenn ich ihn dadurch bewusst eifersüchtig werden lasse, dann ist es meine Verantwortung, mich ihm gegenüber liebevoller und rücksichtsvoller zu verhalten. In der Beziehung sind die Emotionen immer wechselseitig. Wir bewirken im anderen Emotionen. Natürlich muss jeder mit seiner Emotion selber umgehen. Aber wir sollten auch achtsam sein, dass wir nicht unnötig negative Emotionen im anderen hervorrufen.

Ritual

Nimm die Botschaft von Maria und Marta als Ritual: Versuche, ganz bei dir zu sein, ganz in dem zu sein, was du gerade tust. Setze dich zuerst hin und horche auf deinen Atem. Stell dir vor, wie in jedem Atemzug Gottes Liebe in dich einströmt. Und beim Ausatmen lasse diese Liebe in deinen Leib strömen. Dann bist du ganz bei dir. Und dann werden auch keine Gedanken der Eifersucht in dir aufsteigen. Dann gehe entweder in deinem Zimmer oder draußen ganz langsam spazieren. Versuche, ganz im Gehen zu sein. Ich setze Schritt für Schritt meine Füße auf den Boden und hebe sie wieder. Ich bin ganz im Gehen. Ich bewege mich. Ich wandle mich, indem ich wandere. Und wenn eifersüchtige Gedanken aufkommen wollen, dann lasse sie mit jedem Schritt von dir abgleiten. Wenn du ganz im Gehen bist, dann ist es nicht so wichtig, ob Maria jetzt näher bei Jesus ist, ob deine Freundin oder deine Frau sich jetzt mit einem sympathischen Mann unterhält. Du bist ganz bei dir. Das schützt dich vor eifersüchtigen Fantasien.

9. Aus BITTERKEIT kann ein Ja zum Leben werden

Es gibt Menschen, oft auch ältere, bei denen ein Grundmerkmal die Verbitterung ist. Sie steigt in ihnen hoch, wenn sie etwa an ihre schwierige und lieblose Kindheit denken. Sie sehen nur Düsteres. Da war so viel Ablehnung und Kälte. Nichts Positives hat daneben Raum in ihrer Erinnerung. Wenn sie an andere denken, die ein gutes Elternhaus hatten, dann sind sie nicht in erster Linie neidvoll. Bitterkeit über das eigene Schicksal ist etwas anderes, Fundamentaleres. Sie spüren selber, dass ihnen dieses Gefühl nicht gut tut. Aber sie können nichts dagegen machen. Es besetzt sie ganz und gar.

Unerfülllte Erwartungen an das Leben

Ich selber kenne dieses Gefühl der Bitterkeit kaum, da ich eine gute Kindheit hatte. Aber ich begegne ihm in vielen Gesprächen, und nicht nur bei alten Menschen. Oft reagieren Menschen verbittert auf eine tiefe Verletzung. Doch es ist nicht nur die Reaktion auf etwas, was einem im Leben zugestoßen ist. Oft werden Menschen bitter, weil sich die Erwartungen, die sie ans Leben hatten, nicht erfüllt haben. Sie haben beruflich nicht erreicht, was sie wollten. Sie konnten keine Familie gründen. Oder aber die gegründete Familie ist auseinandergebrochen. Die Kinder haben keinen guten Weg genommen, sich vielleicht sogar von ihnen abgewandt. Sie werden in der Firma, in der Gemeinde, in der Pfarrei nicht richtig anerkannt. Es gibt andere, die mehr im Mittelpunkt stehen. Andere werden verbittert, weil sie krank geworden sind, an chronischen Schmerzen leiden, keinen Sinn in ihrem Leiden sehen. Ich kenne alte Menschen, die verbittert sind, weil sie sich einsam fühlen, weil sie das Gefühl haben, niemand brauche sie, sie seien nutzlos. Alle gingen an ihnen vorüber. Und Gott habe es gar nicht gut mit ihnen gemeint.

Schon der heilige Benedikt kennt bei seinen Mönchen diese Bitterkeit. Er spricht in seiner Regel vom Laster des Murrens. Das Murren ist Ausdruck innerer Verbitterung. Man ist gegen alles. Neben einem verbitterten Menschen fühlen wir uns nicht wohl. Wir spüren, wie von der Bitterkeit des anderen eine unangenehme Ausstrahlung ausgeht, der wir uns am liebsten entziehen möchten. Benedikt hält den Mönchen vor: »Vor allem darf niemals das Laster des Murrens aufkommen, in keinem Wort und keiner Andeutung, was auch immer als Anlass vorliegen mag.« (RB 34,6) Benedikt weiß, wie schädlich das Murren sein kann. Es ist die Weigerung, sich auf das Leben einzulassen. Man bleibt in der infantilen Haltung, gegen alles zu sein.

Wer verbittert ist, ist letztlich tot — Die Bibel spricht oft von der Bitterkeit der Menschen. Der Tod schmeckt bitter: »Tod, wie bitter ist es, an dich zu denken, für den, der ruhig sein Heim bewohnt«. (Sir 41,1) Ijob beklagt sich bei Gott, dass er ihn mit Bitternis sättigt. (Ijob 9,18) Der kranke Hiskia hält seine Bitterkeit Gott hin: »Es flieht mich der Schlaf; denn meine Seele ist verbittert.« (Jes 38,15) Als Petrus erkannte, dass er Jesus dreimal verleugnet hatte, ging er hinaus »und weinte bitterlich« (Mt, 26,75) Und der Epheserbrief mahnt die Christen: »Jede Art von Bitterkeit … verbannt aus eurer Mitte!« (Eph 4,31) Das griechische Wort für Bitterkeit *pikria* meint die »Galligkeit, die über die Erbitterung zur Verbitterung führt« (Schlier, Epheserbrief 229). Leid und Tod können den Menschen verbittern, aber die Bitterkeit kann auch zu einem Laster werden, das der Mensch meiden soll. Denn – so meint das letzte Buch des Neuen Testaments – die Bitterkeit lässt den Mensch sterben: »Ein Drittel des Wassers wurde bitter, und viele Menschen starben durch das Wasser, weil es bitter geworden war.« (Offb 8,11) Wer innerlich verbittert ist, der ist letztlich tot. Er lebt nicht wirklich.

Eine Frau erzählte mir, dass sie besonders abends aggressiv und empfindlich reagiert. »Mein Vater kam abends oft betrunken heim. Tagsüber waren wir Kinder mit meiner Mutter fröhlich. Aber sobald der Vater heimkam, gab es Streit. Mein Vater brachte eine negative Stimmung nach Hause. Da stieg in mir immer Bitterkeit hoch, dass mein Vater so aggressiv war und Unfrieden verbreitete. Aber wie komme ich heraus aus meiner Bitterkeit?«

Ich bin überzeugt, dass sich auch die Bitterkeit wandeln kann. Wie das geschehen könnte, erzählt uns das Buch Exodus. Als die Israeliten aus Ägypten ausgezogen waren, zogen sie durch die Wüste. Sie hatten Durst. Doch als sie nach Mara kamen, fanden sie nur Bitterwasser, das sie nicht trinken konnten. Sie murrten gegen Mose, dass er sie verdursten lasse. Mose schrie zu Gott. Und Gott befahl ihm, er solle ein Stück Holz in das Wasser werfen. Davon wurde das Wasser süß. (Ex 15,22–25) Es geht also um Verwandlung des Bitteren in etwas Süßes. Die Kirchenväter haben diese Geschichte als

Wie Bitterkeit sich wandeln kann – biblische Beispiele

Urbild des Kreuzes gesehen. Das Holz ist ein Symbol des Kreuzes. Das Kreuz verwandelt das Bittere in Süßigkeit.

Johannes greift in der Schilderung der Passion Jesu diese alte Geschichte auf. Johannes beschreibt die letzte Szene der Kreuzigung so: »Danach, als Jesus wusste, dass nun alles vollbracht war, sagte er, damit sich die Schrift erfüllte: Mich dürstet.« (Joh 19,28) Was damals in der Wüste mit Israel geschah, das erfüllt sich am Kreuz. Jesus fühlt sich in seinem Durst solidarisch mit den Menschen, die das bittere Wasser ihres Lebens nicht zu trinken vermögen. Doch Jesus trinkt die Bitterkeit unseres Lebens aus. Die Soldaten stecken einen Schwamm mit Essig auf einen Ysopzweig und geben ihm den bitteren Essig zu trinken. Der Ysopzweig erinnert an den Pascharitus. Die Israeliten haben ja beim Auszug aus Ägypten das Bitterwasser schmerzlich erlebt. Jesus trinkt gleichsam unsere Bitterkeit am Kreuz aus. Er nimmt unsere Bitterkeit auf sich und drückt den Schwamm mit bitterem Essig aus, indem er ihn selbst trinkt. Damit verwandelt er unsere Bitterkeit in Süßigkeit. Joseph Haydn hat diese Verwandlung der Bitterkeit in Süßigkeit verstanden, wenn er das fünfte Wort Jesu am Kreuz »*Sitio* = mich dürstet« in einer nach unten gerichteten Terz vertont. Jesus beugt sich voller Liebe zu den verbitterten Menschen und vermittelt ihnen, dass er ihre Bitterkeit auf sich nimmt und austrinkt, damit sich ihr Leben durch seine Liebe versüßt. Jesus selbst ist es, der am Kreuz unsere Bitterkeit verwandelt.

Illusionen über unser Leben erkennen

Wie kann solche Verwandlung hier und heute, in unserem Leben geschehen? Ein *erster Weg*, wie wir die Verwandlung

unserer Bitterkeit erfahren dürfen, ist folgender: Ich
schaue meine Bitterkeit an. Ich spreche mit Gott darüber,
warum ich so verbittert bin. Dann werde ich im Gebet
erkennen, was die tiefste Ursache für meine Bitterkeit ist.
Es ist letztlich ähnlich wie das Murren des Volkes Israel
gegen Gott. Gott hat meine Wünsche an das Leben nicht
erfüllt. Ich fühle mich alleingelassen. Das Leben ist so
anders als ich es mir vorgestellt habe. Die Israeliten hatten
die Vorstellung von einem Gelobten Land, in dem Milch
und Honig fließen, in dem sie sich frei fühlen. Doch vor
dem Eintritt in das Gelobte Land müssen sie durch die
Wüste ziehen und erfahren dort Hunger und Durst und
allerlei Gefährdungen. Sie vergleichen sich mit den Ägyp-
tern, die alles haben, was sie brauchen, genügend Wasser
und genügend Brot und Fisch und Knoblauch und Zwie-
beln. Sie dagegen haben den Eindruck, dass Gott sie ver-
gessen hat und dass ihr Leben nur Wüste ist. Wir kennen
diese Wüstenerfahrung auch von uns selbst. Wir hungern
und dürsten nach Liebe. Aber wir bekommen nicht,
wonach wir uns sehnen. Das Gespräch mit Gott könnte uns
die Illusionen erkennen lassen, die wir uns von unserem
Leben gemacht haben. Indem wir unsere Illusionen entlar-
ven, werden wir fähig, ja zu sagen zu dem Leben, wie es ist.

Der *zweite Weg*, die Bitterkeit zu ver- *Gottes Liebe*
wandeln, ist die Meditation des Kreuzes. *einströmen lassen –*
So wie Joseph Haydn das Wort Jesu am *Meditation des*
Kreuz »*Sitio* = mich dürstet« meditiert *Kreuzes*
hat, so schaue ich auf Jesus am Kreuz
und stelle mir vor, dass er meine Bitterkeit auf sich nimmt
und austrinkt. Oder ein anderes Bild: Dieser Jesus drückt

den Schwamm meiner Bitterkeit am Kreuz aus. Und er füllt den ausgedrückten Schwamm dann mit seiner Liebe, die aus seinem offenen Herzen strömt. Und diese Liebe, die aus seinem Herzen zu mir strömt, lasse ich in meine Bitterkeit hineinfließen. Ich gebe meine Bitterkeit zu. Ich verdränge sie nicht. Aber indem ich Jesu Liebe da hineinfließen lasse, wird sie verwandelt. Dann geschieht das, was Jesus am Kreuz mit unserer Bitterkeit getan hat: Er nimmt sie auf sich.

Eine neue Einstellung finden – besser mit sich umgehen

Solche Haltung des Annehmens ist nicht »Vertröstung«, sie ist auch nicht zu passiv. Die Kindheit kann ich nicht ändern. Die ist vorbei. Die muss ich annehmen. Annehmen ist der erste Schritt, freilich nicht die einzige Reaktion. Ich muss auch überlegen, wie ich konkret auf meine Bitterkeit reagiere. Die Verwandlung meiner Bitterkeit fordert mich heraus, auf der einen Seite eine andere Einstellung zum Leben zu finden, auf der anderen Seite, die Verletzungen der Vergangenheit in eine Perle zu verwandeln. Zuerst muss ich mich verabschieden von Illusionen, die ich mir von meinem Leben gemacht habe. Ich muss lernen, ja zu sagen zu meiner eigenen Durchschnittlichkeit, ja zu sagen zu dem Leben, wie es mir das Schicksal zumutet. Das ist nicht immer einfach. Und leicht kann sich wieder Bitterkeit einschleichen. Aber sie sollte dann eine Herausforderung sein, mich wieder danach zu fragen, was mich wirklich trägt.

Es gibt auch den Weg, aktiv auf die Bitterkeit zu reagieren. Wenn einen etwa der »Abenddämon« überkommt, dann sollte man sich vornehmen, abends keine wichtigen oder kritischen E-Mails zu beantworten oder keine Entscheidung zu treffen. Oder man könnte sich überlegen, wie die Erfahrungen in der Kindheit für einen selbst und für andere fruchtbar werden können. Jeder kann mit seinen Erfahrungen anderen helfen, besser mit sich umzugehen – und dann eine gute Begleiterin oder ein guter Seelsorger für andere sein.

Ritual

Betrachte das Kreuz und stelle dir vor: Jesus beugt sich zu dir herab. Er spürt deine Bitterkeit. Er trinkt sie aus. Und stelle dir vor, dass aus dem durchbohrten Herzen Jesu seine Liebe in deine Bitterkeit hineinströmt. Du musst deine Bitterkeit gar nicht bekämpfen. Du lässt sie zu, aber du hältst sie Jesus hin und lässt seine Liebe in deine Bitterkeit hineinfließen. Und spüre, wie die Liebe allmählich deine Bitterkeit in Süßigkeit verwandelt. Vielleicht entsteht am Anfang nur ein bittersüßer Geschmack. Aber manche mögen ja diesen bittersüßen Geschmack. Es muss ja keine Süßigkeit von Schokolade sein. Aber vertraue darauf, dass die Liebe Jesu deine Bitterkeit allmählich durchdringt und verwandelt.

10. Verabschiede
MINDERWERTIGKEITSGEFÜHLE

Die Sucht, sich
ständig zu
vergleichen

Ich halte viele Kurse. Oft erzählen mir Kursteilnehmer: Sobald sie in den Raum kommen und sich in den Kreis setzen, vergleichen sie sich mit anderen: Bin ich so sicher wie der Nachbar neben mir? Sehe ich besser aus als die Frau neben mir? Sind nicht alle Übrigen spiritueller als ich? Ich fühle mich so unscheinbar in diesem Kreis selbstbewusster Menschen. Doch zugleich erzählen mir die Leute, dass ihnen das Vergleichen nicht gut tut. Es führt sie weg von sich selbst. Sie sind nicht bei sich. Und sie fühlen sich ständig beobachtet und von anderen bewertet, weil sie sich selbst bewerten.

Ob wir wollen oder nicht, immer wieder vergleichen wir uns. Sobald wir einem Menschen begegnen, ist es wie ein Reflex: Wer ist schöner? Wer ist erfolgreicher? Wer hat mehr Geld? Wer ist intelligenter? Auch Menschen, die sehr erfolgreich sind, vergleichen sich immer noch mit anderen. Sobald sie in der Zeitung lesen, dass jemand gelobt wird für sein Buch, für seine Firma, für seinen Einsatz für andere, fragen sie sich: Warum werde ich nicht genauso gelobt? Warum ist dieser Mensch bekannter als ich? Ist er denn besser als ich?

Manche vergleichen sich mit anderen und suchen dabei vor allem nach deren Schwächen. Da ist der wirtschaftlich erfolgreiche und politisch einflussreiche Mann. Aber er hat keine gute Beziehung und eine kaputte Familie. Wenn ich mich darauf fixiere und den anderen auf diese Weise niedermache, um mich selber in eine bessere Position zu bringen, tut mir das nicht gut. Neid und Minderwertigkeitsgefühl sind ebenso wenig eine gute Lösung wie Schadenfreude.

Ich habe mich selber früher auch oft mit anderen verglichen. Dabei kam ich immer schlechter weg. Aber auch ein Vergleichen, das mich besser dastehen lässt als andere, tut mir nicht gut. Denn dann stelle ich mich über die anderen. Ich bin nicht bei mir, sondern ich existiere immer nur im Vergleich. Und ich bin in Gefahr, mich als etwas Besonderes zu fühlen, mich innerlich über die anderen emporzuheben. Dann schaue ich auf sie herab. Die anderen werden es spüren und mir Arroganz vorwerfen.

Offensichtlich ist dieses Sich-Vergleichen dem Menschen schon in die Wiege gelegt. Kinder vergleichen das Spielzeug, das sie haben, mit dem Spielzeug anderer Kinder. Sie vergleichen die Zeit, die sie auf dem Schoß der Mutter sitzen, mit der Zeit, die ihre Geschwister dieses Privileg genießen. Sie vergleichen das, was sie dürfen, was ihnen von den Eltern erlaubt wird, mit dem, was den Geschwistern gewährt wird. Immerzu sind sie am Vergleichen und möchten, dass alles gleich ist. Aber sie haben immer den Eindruck, dass sie zu wenig Zeit und Aufmerksamkeit und Geld bekommen. In der Schule vergleichen sich die Schüler miteinander. Und sie geben genau darauf acht, wie viel Zuwendung der Lehrer den Einzelnen gibt. Und so geht es weiter.

Sich zu vergleichen führt nicht unbedingt zu einem Minderwertigkeitsgefühl. Aber das Minderwertigkeitsgefühl *Minderwertigkeitsgefühl und Selbstwerterfahrung*

125

führt oft dazu, sich zu vergleichen. Wenn man weniger Selbstwertgefühl hat, besteht die Versuchung, andere klein zu machen, um den eigenen Selbstwert zu spüren.

Der Begriff des Minderwertigkeitsgefühls stammt von Alfred Adler, der neben Sigmund Freud eine eigene Richtung der Psychoanalyse entwickelt hat. Er hat den Begriff des Minderwertigkeitsgefühls von der Erfahrung von Organminderwertigkeit her entwickelt. Menschen, die zu klein geraten sind, die an einer Deformation von Körperteilen, wie Händen oder Füßen oder Gesicht, leiden, haben insgesamt oft das Gefühl, dass sie minderwertig sind. Aber dieses Gefühl quält auch viele Menschen, die ganz normal gewachsen sind. Es hängt oft von mangelnder Wertschätzung in der Kindheit, von Entwertungen und Ablehnungserfahrungen ab. Alfred Adler beschreibt nun, dass viele Menschen, die an Minderwertigkeitsgefühlen leiden, den Weg der Kompensation beschreiten. Sie wollen ihre Minderwertigkeit durch Macht kompensieren. Das sind die typischen Chefs, die andere klein machen müssen, um an ihre Größe glauben zu können. Oder sie versuchen ihre Minderwertigkeit durch ein übertriebenes Geltungsbewusstsein zu kompensieren. Sie müssen ständig angeben, wie viel sie geleistet haben und wie fähig und begabt sie sind. Oder sie kompensieren die Minderwertigkeit durch das Gefühl der Überlegenheit. Überall fühlen sie sich überlegen. Sie kommen in einen Raum mit dem Gefühl: Ich bin hier der Größte, der Intelligenteste. So gut wie ich kann hier niemand Fußball spielen, rechnen, mit Finanzen umgehen, organisieren usw.

Alfred Adler war überzeugt, dass man *Kompensationen*
durch solche Kompensationen auf an- *helfen nicht*
deren Gebieten wie Geld, Kleider,
Schmuck oder Erfolg das Gefühl der Minderwertigkeit
nicht ausgleichen kann. Der einzige Weg, um das Minderwertigkeitsgefühl zu überwinden, besteht für Adler darin,
dass der Mensch ein gesundes Selbstwertgefühl und ein
Gemeinschaftsgefühl entwickelt. Die Entwicklung von
Selbstwertgefühl und Gemeinschaftsgefühl gelingt nach
Adler dem, der es lernt, gut mit anderen Menschen zusam-
menzuarbeiten, der sich auf seine Arbeit im Beruf einlässt
und sich an sein Werk hingibt, der Liebe in sich entfaltet
und gut mit seiner Sexualität in Berührung kommt. Und
eine große Hilfe ist für Adler auch die Offenheit für die
Kunst und Kultur und der Sinn für kreative Gestaltung des
eigenen Lebens.

Alfred Adler hat uns Wege aufgezeigt, *Auf den Grund der*
wie wir das Minderwertigkeitsgefühl *Seele gehen*
verwandeln können. Allerdings müssen
wir seine Einsichten in unsere konkrete Umwelt übersetzen. Das Minderwertigkeitsgefühl ist immer bedingt
durch ein zu starkes Kreisen um mich selbst. Ein wichtiger
Weg der Verwandlung besteht daher darin, dass ich nicht
ständig um mich kreise, sondern mich auf die Menschen
um mich herum einlasse. Wenn ich mich auf die Gemeinschaft einlasse, fühle ich mich auch von ihr getragen. Und
dann ist das Thema der Minderwertigkeit nicht mehr so
wichtig.

Ein anderer Weg der Verwandlung besteht darin, dass
ich von meinen Gefühlen, minderwertig zu sein, weggehe

und in den inneren Grund meiner Seele vordringe. Dort erlebe ich mein wahres Selbst. Und dieses wahre Selbst ist unabhängig von dem Eindruck, den ich nach außen abgebe. Wenn ich mit diesem inneren Selbst in Berührung bin, wenn ich spüre, dass ich Sohn oder Tochter Gottes bin, dass ich in Gott eine einmalige Würde habe, dann ist es nicht mehr so wichtig, wie ich mich den Menschen gegenüber verhalte, ob ich da unsicher bin oder schüchtern oder ängstlich. Das ist nur mein äußeres Verhalten. Aber in mir spüre ich eine tiefe innere Ruhe. Und dann muss ich mich auch nicht mehr mit anderen vergleichen. Wenn ich bei mir bin, hört das Vergleichen auf.

Das Schöne ist heilsam

Ein anderer Weg, den Adler vorgeschlagen hat, das Minderwertigkeitsgefühl loszulassen: Für Adler kann das Gespür für die Kultur und Kunst, die Offenheit für das Schöne, uns vom Minderwertigkeitsgefühl befreien. Wenn ich eine schöne Landschaft betrachte, dann vergesse ich in diesem Augenblick meine Zweifel an meinem Selbstwertgefühl. Ich gehe ganz auf im Schauen. Oder wenn ich einen Sonnenuntergang anschaue oder ein schönes Bild, eine schöne Statue, dann vergesse ich mich selbst. Und in diesem Augenblick bin ich ganz präsent. Da bin ich im Einklang mit mir selbst. Da frage ich nicht mehr nach Minderwertigkeit. Der Schriftsteller Martin Walser hat diese Erfahrung so ausgedrückt: »Wenn du etwas schön findest, fühlst du dich niemals allein. Wenn du etwas schön findest, bist du erlöst, erlöst von dir selbst.« Wenn ich etwas schön finde und es anschaue, dann werde ich frei vom Kreisen um mich selbst. Dann kann das Schöne heilsam sein für mein Gefühl von Minderwertigkeit. Ich fühle mich dem Schönen zugehörig. Ich habe Anteil am Schönen. Ich fühle mich selbst schön. Ich vergleiche mich nicht etwa mit der schönen Frau aus der Werbung, sondern sehe meine eigene Schönheit, meine eigene Würde, meinen eigenen Wert.

Natürlich ist das Vergleichen nicht ge- *Vergleichen als* nerell negativ. Es kann als Herausforde- *positive* rung auch ein Motor sein, sich weiterzu- *Herausforderung* entwickeln, es besser zu machen als die anderen. Entscheidend ist vielmehr meine Reaktion. Wie reagiere ich, wenn ich mich vergleiche? Ich kann mein Minderwertigkeitsgefühl dadurch noch verstärken und mit Neid oder Schadenfreude reagieren. Oder ich kann es dazu nutzen, mich selbst zu verbessern. Die positive Reaktion kann das Sich-Vergleichen verwandeln. Indem ich mich mit anderen vergleiche, bin ich auch herausgefordert, an mir zu arbeiten. Ich möchte auch etwas von dem haben, was der andere hat. Also überlege ich: Wie kann ich beliebter werden? Wie kann ich erfolgreicher werden? Das Vergleichen ist also eine Herausforderung, an mir zu arbeiten, weiterzukommen auf meinem Weg. Aber auf diesem Weg des Weiterkommens muss ich immer auch meine Grenzen akzeptieren. Und ich darf nicht im Vergleichen stecken bleiben. Denn dann werde ich immer unzufrieden sein. Es geht darum, den Erfolg des anderen als Einladung zu sehen, sich selbst auf den Weg zu machen und sich weiterzuentwickeln. Aber ich muss immer wissen, wo meine Grenze ist. Und ich muss auch auf diesem Weg des Weitergehens ganz bei mir sein. Ich darf nicht immer auf den anderen schauen, sondern muss meinen Weg gehen. Aber auf meinem Weg lasse ich mich vom anderen herausfordern und antreiben. Wenn ich 1000 Meter mit anderen laufe, dann spornen die mich an, schneller zu laufen. Aber wenn ich auf den ersten Läufer schaue, der uns andere längst abgehängt hat, dann werde ich nur entmutigt. Wenn ich dagegen nur auf die schaue, die unmittelbar vor mir laufen, werde ich nicht so leicht aufgeben und angespornt bleiben.

Heimkommen zu mir selbst   Natürlich leben wir auch vom Vergleichen. Wir stehen ja im Beruf immer auch in Rivalität zu anderen. Wir müssen in der Firma mit anderen Firmen konkurrieren. Und innerhalb der Firma stehen wir in Konkurrenz zu anderen, die sich um den gleichen Posten bewerben. Wir können das Sich-Vergleichen nicht einfach aus uns herausreißen. Es ist wie im Gleichnis vom Unkraut im Weizen (Mt 13,24–30). Das Vergleichen ist einfach in unseren Acker gesät. Wenn wir es ausreißen, dann würden wir auch den Weizen mit ausreißen. Wir können das Vergleichen nur zurückschneiden. Wir dürfen es nicht wuchern lassen wie das Unkraut. Und es geht darum, das Sich-Vergleichen zu verwandeln. Wir können es nicht aus uns herausreißen. Denn dann würden wir auch den inneren Antrieb wegnehmen, der uns antreibt, unseren Weg zu gehen. Aber wir dürfen uns nicht hineinsteigern in das Vergleichen. Sonst werden wir immer unglücklich und unzufrieden. Es geht darum, es zu verwandeln, einmal in Dankbarkeit, dann in das Einswerden mit mir selbst, mit Gott und mit den Menschen, mit denen ich mich vergleiche, und schließlich in

einen Ansporn, mich weiterzuentwickeln. Das Entscheidende ist bei all diesen Wegen, dass ich vom anderen zu
mir komme, dass ich mich selbst spüre und frei werde von
der Entfremdung, die entsteht, wenn ich mich immer wieder auf andere beziehe und von ihnen her bestimme. Denn
wenn ich ständig beim anderen, beim Fremden bin mit
meinen Gedanken, dann werde ich mir selbst entfremdet.
Die Heilung aber geschieht nicht in der Entfremdung,
sondern indem ich heimkomme zu mir selbst und gerne in
mir selbst wohne, weil Gott selbst in mir wohnt.

Manche geben einem Menschen, der   *Mich selber spüren*
unter Minderwertigkeit leidet, den Rat,
er solle seine Stärken sehen. Der andere ist zwar erfolgreich, aber ich bin intelligenter. Er hat Karriere gemacht,
ist aber Single. Ich habe Familie und bin damit zufrieden.
Aber wenn ich meine Vorzüge gegen die Stärken des anderen setze, dann bin ich immer noch im Vergleichen. Und
dann werde ich immer etwas im anderen entdecken, was
mir fehlt. Besser ist der Weg, vom anderen wegzukommen
und sich selbst zu spüren.

Eine Frau ging gerne in die Frauengruppe. Aber zugleich
litt sie darunter, dass sie sich immer mit den anderen ver-
glich. Die anderen hatten alle studiert und konnten besser
reden als sie. Immer wenn sie etwas sagen wollte, dachte
sie: Das hat die andere schon besser gesagt. Ich kann das
nicht so gut ausdrücken. Eine Freundin riet ihr, sie solle
sich vorstellen, sie sei dafür die bessere Hausfrau und
könne besser kochen als die studierten Frauen in ihrem
Kreis. Aber das half nicht. Denn da blieb sie im Verglei-

chen stecken. Ich riet ihr: »Spüre einfach deine Hände. Und höre gerne zu. Und gönne dir die Freiheit, nichts sagen zu müssen. Wenn du Lust hast, etwas zu sagen, dann sage etwas, auch wenn eine andere das schon ähnlich gesagt hat. Bleib bei dir selbst und bei deinem Gefühl. Dann wirst du dich wohl fühlen in der Gruppe und frei sein von dem Druck, dich vergleichen zu müssen.« Wenn ich bei mir bleibe, dann werde ich mich auch nicht über andere stellen. Vielmehr werde ich mich in den anderen einfühlen, dem es momentan nicht so gut geht, der krank geworden ist oder Misserfolg gehabt hat.

Entscheidende   Der *erste Schritt*, das Sich-Vergleichen
Schritte zu neuer zu verwandeln, besteht darin, sich selbst
Erfahrung   zu spüren, bei sich selbst zu sein. Beim
                     Vergleichen bin ich immer beim andern.
Ich spüre mich selbst nicht. Eine Hilfe, sich selbst zu spüren, ist der Leib. Ich kann mich auf den Atem konzentrieren und so ganz bei mir sein. Oder ich kann meine Hände auf den Bauch legen und mich und meine Kraft spüren. Das Bauchgefühl führt mich zu mir selbst.

Der *zweite Schritt* ist: Ich nehme das Vergleichen als Einladung, dankbar auf das zu schauen, was ich bin, was ich für Fähigkeiten habe, was Gott mir in meinem Leben geschenkt hat. Ich muss den andern nicht schlechtreden oder seinen Erfolg nicht heruntermachen. Ich lasse ihm seinen Erfolg, seine Intelligenz, sein Beliebtsein, seine Spiritualität. Aber ich schaue bewusst auf mein Leben. Und da finde ich genügend, wofür ich Gott dankbar sein kann. Ich kann Dankbarkeit einüben, indem ich mich selbst spüre. Ich spüre meinen Leib und bin dankbar, dass er gesund ist. Ich nehme meine Gefühle wahr. Ich bin dankbar, dass ich fühlen darf, dass ich denke, dass ich atme. Wenn ich ganz im Augenblick bin, dann werde ich dankbar. Dann denke ich nicht an tausend Dinge, die ich bräuchte. Ich spüre, dass mein Leben ein Geschenk ist. Im Deutschen kommt danken von denken. Wer richtig über sein Leben nachdenkt, der wird dankbar. Daher soll ich das richtige Denken lernen.

Vergleichen lebt vom Wort »als«: schöner als, mehr als, besser als … Wir sollten vom Wort ALS zum Wort EINS gelangen. Das verwandelt unser Vergleichen. Durch Jesus Christus sind wir eins geworden mit Gott. Er ist gekommen, um uns mit göttlichem Leben zu erfüllen. Aber das Einssein bezieht sich nicht nur auf Gott, sondern auch auf uns selbst und auf die Menschen. Das Vergleichen wandelt sich, wenn ich mich ganz eins fühle mit mir selbst. Ich bin einverstanden mit mir, so wie ich bin. Ich spüre eine innere Einheit mit meinem wahren Selbst. Das Vergleichen spaltet, es zieht mich weg aus meiner Mitte. Wenn ich eins bin mit mir, bin ich auch einverstanden mit meinem Leben, mit dem, was ich erreicht habe, mit dem, was Gott mir geschenkt hat. Und ich kann versuchen, mich auch eins zu fühlen mit dem Menschen, mit dem ich mich verglichen habe. Ich bin eins mit dem, der so erfolgreich ist. Dann habe ich teil an seinem Erfolg. Oder ich habe ich teil an der Schönheit einer anderen Frau. Dann höre ich auf, mich zu vergleichen. Ich habe teil an allen Menschen. Alles, was sie

Ein Weg zu innerem Reichtum – vom Vergleichen zum Teilhaben

haben, habe ich auch. Dann ärgert mich der Erfolg des andern nicht. Ich entdecke den Reichtum meiner Seele, indem ich alle Fähigkeiten der anderen wahrnehme.

Ritual

Suche dir einen Menschen aus, mit dem du dich oft vergleichst und bei dem du dich unterlegen fühlst. Dann stelle dir vor: Er oder sie ist mein Freund, meine Freundin. Ich habe teil an seinen Fähigkeiten, an ihrer Schönheit, an ihrer Beliebtheit, an seinem Erfolg. Ich fühle mich eins mit ihm. Dann verwandelt sich das Vergleichen. Du fühlst dich eins mit dem, mit dem du dich bisher immer verglichen hast. Und du bist nicht nur eins mit ihm, sondern entdeckst auch in dir ganz neue Fähigkeiten. Du hast teil an seinen Fähigkeiten. Seine Fähigkeiten sind auch in dir. Und du kannst dankbar auf das schauen, was Gott dir geschenkt hat. Und dann stelle dir einen Menschen vor, mit dem du dich auch verglichen hast, der aber schwächer ist als du, über den du dich gestellt hast. Fühle dich in ihn hinein. Und stelle dir auch vor, dass du mit ihm eins bist, dass du an ihm teilhast. Dann wird sich dein Vergleichen in Mitgefühl verwandeln. Du spürst, wie schwer er es mit sich hat. Du kannst mit ihm mitfühlen, anstatt dich über ihn zu stellen.

11. Mach dich frei von HASS UND RACHE

»Hass klebt wie Teer an den Menschen«, so hat ein Kriegsberichterstatter einmal seinen Eindruck beschrieben. Das gilt nicht nur in militärischen Konflikten oder Bürgerkriegen, und nicht nur für Menschen in Syrien oder in Afrika. *Wir selber tragen den Hass in uns.* In nächtlichen Albträumen kann er uns überschwemmen. Aber auch in Fantasien mitten am Tag werden wir manchmal davon heimgesucht, so stark, dass wir selber erschrecken. Da berichtet ein erwachsener Mann von seinen Hassgefühlen dem längst verstorbenen Vater gegenüber: »Ich musste immer wieder mit ansehen, wie er meinen kleinen Bruder geschlagen hat. Das hat mir so wehgetan. Ich war ohnmächtig.« Und eine ganz sanftmütige zarte Frau, eine Intellektuelle, erzählt, wie sie in ihren unkontrollierten Tagträumen durch die Büros stürmt und mit einer Kalaschnikow in eine Sitzung ihrer Chefs zielt, die sie mit unsinningen Zumutungen traktieren. Eine andere Frau berichtet von Hassgefühlen auf ihren Mann, der Alkoholiker war und von richtigen Mordfantasien. Dann erschrickt sie vor sich selbst. Wieder eine andere Frau erzählte mir, dass ihr Bruder sie als Kind sehr sadistisch missbraucht hat. Schon als Mädchen mit elf Jahren hatte sie solche Hassgefühle, dass sie ihn hätte umbringen können.

Oft ist der Hass die Folge von Ohnmachtsgefühlen gegenüber Menschen, die über mich Macht haben. Hass kann blind machen und zu irrationalem Verhalten führen, bis hin zum tatsächlichen Mord. Hass hat schon von seiner Wortbedeutung her etwas zu tun mit Verfolgung. Wir verfolgen einen Menschen mit unserem Hass. Wir hetzen einen Menschen, den wir hassen, in den Tod. Und wer selbst gehetzt ist, der hasst sich selbst. Hass gibt es gegenüber anderen, gegenüber Fremden, gegenüber denen, die wir als bedrohlich oder als Infragestellung unserer Existenz empfinden. Aber auch den Selbsthass gibt es, öfter als vermutet. In der Begleitung erlebe ich immer wieder Menschen, die sich selbst hassen. Sie hassen sich selbst und ihr Leben. Und oft genug hassen sie auch Gott, der ihnen dieses Leben zumutet.

Ich habe mich nicht Wie kann und wie soll ich mit meinem
mehr in der Hand Hass umgehen, wenn ich nicht Gleiches mit Gleichem vergelten will, ohne mir selbst und anderen zu schaden? Weder ausleben noch unterdrücken hilft weiter. Wenn ich den Hass unterdrücke, werde ich mich ständig mit ihm beschäftigen. Ich brauche sehr viel Energie, diese starke Emotion zu verdrängen. Und der Hass wird immer wieder hochkommen. Und ich lebe dann in der Angst, dass er unkontrolliert in mir hochkommt und mich dann doch zu irrationalen Handlungen treibt. Und ich habe darüber hinaus ständig Schuldgefühle, weil ich den Hass in mir spüre. Natürlich: Ein Christ darf nicht hassen. Doch solche moralischen Gedanken lösen meinen Hass nicht auf. Der Hass ist trotzdem in mir. Ich werde dann vom Hass beherrscht. Ich habe mich selbst nicht mehr in der Hand. Das macht mir Angst. Ich könnte die Kontrolle über mich verlieren.

Hass und Rachegefühl hängen zusammen. Hass will sich oft in Rache ausdrücken. Das Rachegefühl ist ein uraltes Gefühl im Menschen. Schon die Bibel erzählt zahlreiche

Rachegeschichten. Da ist nicht nur Kain, der sich an seinem Bruder Abel durch Mord rächt, weil der ihm vorgezogen wurde. Auch Saul rächt sich an den Priestern, die ihm die Flucht Davids verschwiegen haben, und lässt sie alle umbringen. Abschalom rächt sich an Amnon, der seine Schwester Tamar vergewaltigt hatte, und lässt ihn töten. Rache ist das Gefühl, dass ich mich gegen ein Unrecht wehren und die Gerechtigkeit wiederherstellen muss. Doch mit meinem Rachegefühl werde ich selber ungerecht und vielleicht sogar zum Mörder. Das Alte Testament betont daher immer wieder, dass Gott allein die Rache zusteht. Der Mensch darf sich nicht rächen, auch nicht an dem, der ihm Unrecht angetan hat. Er darf sich für die Gerechtigkeit einsetzen. Aber dann muss ein anderes Gremium diese Gerechtigkeit durchsetzen.

Die Frage ist: Woher kommt das Rachegefühl? Ist es ein normaler, gesunder Impuls? Zunächst: Ein Rachegefühl entsteht immer, wenn ich mich verletzt *Es ist immer ein Gefühl der Verletzung* fühle. Da tauchen in mir Gefühle auf, wie ich dem, der mich verletzt hat, wehtun kann, wie ich ihn erniedrige, ja ihn sogar quäle. Rachegefühle drücken sich in aggressiven Fantasien aus. Man malt sich aus, wie man dem anderen seine Macht zeigt, ihn klein macht, ihn leiden lässt, ihn umbringt. Nicht selten werden diese Rachefantasien dann auch ausgelebt. Sie führen dazu, dass ich dem, der mich verletzt hat, irgendeinen Schaden zufüge. Manchmal werden diese Rachegefühle erst viel später ausagiert. Man bewahrt diese Rachegefühle in sich auf. Und bei einer passenden Gelegenheit werden sie dann zur Tat.

Wir sind entsetzt, wenn ein Chef sich von seinen Rachegefühlen leiten lässt und dadurch Mitarbeiter tief verletzt. Aber bevor wir über andere urteilen, sollten wir ehrlich in uns selbst hineinschauen. Auch in uns selber gibt es Rachegefühle. Vom Verstand her lehnen wir Rachegefühle ab. Aber manchmal erschrecken wir vor uns selbst, dass wir zu solchen Rachegefühlen fähig sind. Es braucht auch hier die Demut, sich einzugestehen, dass in uns Rachegefühle sind. Nur was wir angenommen haben, kann verwandelt werden. Aber wie können wir diese Rachegefühle verwandeln?

Eine Vorstellung, Ein Weg ist wieder, meinen Hass und
die helfen kann meine Rachegefühle Gott hinzuhalten
und ihn zu bitten, dass seine Liebe in meine Rachegefühle eindringt und sie verwandelt. Wenn ich meine Rachegefühle genauer betrachte, werde ich hinter ihnen eine tiefe Verletzung entdecken. Die soll ich anschauen und mir eingestehen: Ja, ich fühle mich tief verletzt. Doch dann kann ich mir vorstellen, dass ich meine Rachegefühle ausagiere. Aber geht es mir, wenn ich mir erlaube, dem andern aus Rache Böses zu tun, wirklich gut? Dann würde ich erkennen, dass ich mich vom andern zu etwas antreiben ließe, was gegen meine eigenen Werte steht. Ich würde unbeherrscht, maßlos, zügellos. Ich würde etwas tun, was meinem Innersten widerspricht. Ich würde dadurch dem andern letztlich Macht geben. Ich würde aus meiner Mitte fallen und mich zu Dingen hinreißen lassen, die mir dann leidtun. Wenn ich mein Rachegefühl dagegen in den Ehrgeiz verwandle, mich vom andern nicht von meinen Werten abbringen zu lassen, dann bleibe ich bei mir.

Auch wenn wir den Zusammenhang *Die Kraft im Hass*
von Hass und Rachegefühl eingesehen *wahrnehmen*
und verstanden haben – die Frage bleibt:
Wie kann ich, selbst wenn ich nur Hass spüre, ohne mich
gleich rächen zu wollen, den Hass verwandeln? Zunächst
einmal: Der *erste Schritt*, den Hass zu verwandeln, bestünde
darin, die Kraft zu entdecken, die im Hass steckt. Es geht
darum, den Impuls zu erkennen, mit dem meine Seele auf
die Erfahrungen reagiert hat, die ich als Kind mitgemacht
habe. Der Hass auf ihren Vater, den die Tochter spürt, ist ja
eine Reaktion ihrer Seele auf tiefe Verletzungen. Und diese
Reaktion ist durchaus gesund. Sie hat sich dadurch vor den
Kränkungen geschützt, die von außen auf sie zukamen. Im
Hass steckt eine große Kraft, sich vor dem, der mich verletzt, zu schützen. In diesem Hass baue ich eine Mauer auf,
damit der andere mich mit seiner Verletzung nicht erreichen kann. Aber Hass ist kein optimaler Schutz vor der
Verletzung durch den anderen. Denn im Hass hat der
andere ja doch noch Macht über mich. Manche hassen sich
dann selbst, weil sie einen so tiefen Hass in sich spüren.

Natürlich ist es schwer für den, der diesen Hass empfindet, nicht an Rache sondern an die schützende Kraft des
Hasses zu denken. Den Unterschied zwischen der Schutzkraft des Hasses und dem Impuls der Rache kann man in
einem Bild ausdrücken: Der Hass ist ein starker Schild,
den ich vor mich hinhalte. Dann kann der andere mich
nicht verletzen. Die Rache dagegen ist wie ein Speer, den
ich auf den anderen werfe. Aber wenn ich den Speer werfe,
gerate ich in die Gefahr, dass der andere einen noch
stärkeren Speer gegen mich schleudert. Oder aber ich
treffe ihn und werde dann vor ein Gericht gezerrt. Das

»Gericht« kann auch das eigene schlechte Gewissen sein. Um dieser Dynamik zu entgehen ist daher meine Aufgabe, das Rachegefühl zu beruhigen, damit ich den Schild meines Hasses vor mich halten und mich damit schützen kann. Dieser Schild hilft mir, eine gesunde Distanz zum anderen zu bekommen.

Distanzierende *Abgrenzung vom* *anderen* Und darin besteht der *zweite Schritt*, den Hass zu verwandeln: Ich nehme den Impuls des Hasses wahr und grenze mich bewusst vom anderen ab. Ich distanziere mich von ihm. Der Frau, die ihren alkoholkranken Mann hasste, sagte ich: »In Ihrem Hass steckt der Impuls: Ich will selber leben. Ich lasse mir mein Leben von meinem Mann nicht kaputt machen.« Wenn die Frau diesen Impuls lebt und sich vom Hass in Berührung bringen lässt mit der eigenen inneren Kraft, die sie nicht mehr gegen sich oder den anderen richtet, sondern in den Ehrgeiz verwandelt, selbst zu leben, dann wird der Hass sich langsam wandeln. Er wird immer wieder in ihr hochsteigen. Aber wenn er in ihr hochsteigt, lässt sie sich von ihm daran erinnern: Ich will selber leben. Ich sorge für mich. Ich habe in mir eine große Kraft. Und die wende ich nicht mehr gegen andere, sondern entfalte sie in Lebendigkeit, in Lust am Leben. Ich entfalte die Möglichkeiten und Fähigkeiten, die Gott mir gegeben hat.

Wir sollten also die Kraft, die in diesem Gefühl liegt, in eine positive Kraft, in die eigene Kraft verwandeln, um von der Ohnmacht loszukommen, die so oft zur Gewalttätigkeit führt.

Worum es geht, das kann man auch bei Kindern beobachten. Kinder, die von ihren Eltern oder von einem Lehrer gedemütigt und tief verletzt worden sind, spüren den Hass als eine aktive Reaktion. Sie werden nicht depressiv, sondern hassen ihre Eltern. Das ist gesünder als depressiv zu werden. Aber die Kinder dürfen nicht im Hass stecken bleiben, sonst schaden sie sich selbst. Sie sollen sich aber auch keine Vorwürfe machen und sich mit Schuldgefühlen zerfleischen, weil sie dieses starke Gefühl spüren. Sie brauchen es, um sich vor den verletzenden Eltern oder Erziehern zu schützen und eine Mauer aufzubauen, die die anderen nicht zu durchdringen vermögen. Aber dann sollten sie den Hass in eine konstruktive Kraft verwandeln, mit der sie ihr eigenes Leben gestalten. Und sie sollten hinter dem Hass auch die verletzte Liebe spüren. Hass ist die Kehrseite von Liebe. Wenn ich jemand nie geliebt habe, dann werde ich ihn auch nicht hassen. Hass ist verletzte Liebe. Und so wäre es für die Kinder wichtig, hinter dem Hass auf die Eltern auch die eigene Liebe wahrzunehmen. Und in dieser Liebe entdecken sie vielleicht auch positive Seiten des Vaters oder der Mutter. Die Frau, die als Kind mit ansehen musste, wie ihr Vater ihren Bruder brutal geschlagen hat, entdeckte, dass ihr Vater selbst todunglücklich war. Er hat seine eigene Verletzung und Demütigung an den Sohn weitergegeben. Und sie erkannte durch ihren Hass hindurch, wie verletzt der Vater war, wie sehr er an sich und seinem Leben litt. Das hat ihren Hass allmählich in Mitleid verwandelt. Und sie konnte durch den Hass hindurch auch die guten Wurzeln entdecken, die sie von ihrem Vater mitbekommen hatte.

Den Feind mit anderen Augen sehen Jesus fordert uns auf, den Feind zu lieben, anstatt ihn zu hassen. Das ist eine starke Forderung. Viele sagen mir: »Das ist doch eine Überforderung. Das bringe ich nie fertig.« Meine Antwort ist dann: »Du musst es auch nicht fertigbringen. Aber du kannst es probieren.« Im Lukasevangelium zeigt uns Jesus drei Wege auf, den Hass in Liebe zu verwandeln.

Der *erste Schritt*: »Tut denen Gutes, die euch hassen.« (Lk 6,27) Im Griechischen heißt es: Handelt gut, handelt schön (*kalos*) an denen, die euch hassen. Das kann ich nur, wenn ich das Gute im anderen sehe. Feindschaft entsteht ja oft durch Projektion. Der andere hasst etwas an mir, was er eigentlich an sich selbst hasst. Aber er projiziert das, was er bei sich selbst nicht annehmen kann, auf mich und bekämpft es bei mir. Den Feind lieben heißt also zuerst, ihn mit anderen Augen ansehen. Ich sehe in ihm auch den verletzten Menschen, der sich in der Tiefe seiner Seele nach dem Guten sehnt. Indem ich ihn gut behandle, indem ich in guter und schöner Weise mit ihm umgehe, kann sich sein Hass wandeln. Dieses schöne Handeln ist nichts Passives. Ich resigniere nicht, weil der andere mich hasst. Ich bleibe auch nicht das Opfer seines Hasses. Ich verwandle seinen Hass, indem ich das Gute an ihm sehe und ihn deshalb gut behandle und so das Gute in ihm hervorlocke.

Die Kraft von Segen und Fürbitte Der *zweite Weg* der Verwandlung geht über das Segnen. Wir sollen den segnen, der uns verletzt und der schlecht über uns redet. »Segnet die, die euch verfluchen.« (Lk 6,28) Ich lade bei Kursen manchmal die Teilnehmer ein, sich bewusst einen Menschen auszusuchen, der sie verletzt hat, dem gegenüber sie negative Gefühle spüren. Dann sollen sie die Hände zum Segen erheben und den Segen durch ihre Hände zu diesem Menschen strömen lassen. Die Teilnehmer machen oft sehr gute Erfahrungen mit dieser Übung. Sie spüren: Der Segen wirkt für mich wie ein Schutzschild. Der andere kann mich mit seiner Verletzung gar nicht mehr erreichen. Der Segen schützt mich vor seinem Hass. Und ich steige aus der Opferrolle aus. Ich reagiere im Segen aktiv auf den anderen. Ich setze eine positive Energie gegen die negative Energie, die mir von ihm entgegenströmt. Das verwandelt meine eigenen Gefühle. Hass wandelt sich in Mitgefühl. Und ich bin nicht Opfer des Hasses, sondern jemand, der den anderen segnet, der ihm Gutes wünscht. Das verwandelt auch meine Sicht des anderen. Er ist nicht mehr mein Feind, sondern ein Mensch, der von Gott gesegnet ist und dem ich wünsche, dass er mit sich selbst in Frieden kommt.

Der *dritte Weg* ist mit dem Wort beschrieben: »Betet für die, die euch misshandeln.« (Lk 6,28) Für den anderen beten ist ähnlich wie segnen. Dieses Gebet hat den Charakter der Fürbitte. Ich bete für ihn, dass seine Wunden geheilt werden. Fürbitte meint also: Ich halte den andern, so wie er ist, mit seiner inneren Zerrissenheit, Gott hin, damit Gottes Geist in sein inneres Chaos einströme und ihn verwandle und heile, damit er mit sich in Frieden kommt.

Durch Gebet und Segen geschieht Verwandlung. Diese Verwandlung betrifft zuerst einmal nur uns selbst. Ich kann mich nur selber verwandeln. Aber ich darf darauf vertrauen, dass meine verwandelte Haltung auch den anderen verwandelt, dass er mir auf einmal freundlicher begegnet. Jesus hat uns dafür ein schönes Beispiel gegeben. Er sagt: »Und wenn dich einer zwingen will, eine Meile mit ihm zu gehen, dann geh zwei mit ihm.« (Mt 5,41) Die römischen Soldaten hatten das Recht, jeden Juden dazu zu zwingen, eine Meile mit ihm zu gehen, um ihm das Gepäck zu tragen oder ihm den Weg zu zeigen. Viele haben das nur mit tiefem Hass gegenüber den Römern getan. Ihr Hass rührte von der Ohnmacht gegenüber der Besatzungsmacht. Wenn nun einer statt einer Meile zwei mit dem römischen Soldaten geht, dann kann der unterwegs sein Freund werden. Auf einmal entsteht eine neue Beziehung. Das tut letztlich beiden gut.

Wenn Menschen sich selber hassen
Auch vom Selbsthass haben wir eingangs gesprochen. Dieses Gefühl ist deutlich stärker als etwa nur der Ärger. Manche sagen mir: »Manchmal hasse ich mich selbst. Ich hasse mich, wenn ich immer wieder in die gleichen Fehler verfalle. Ich hasse mich, dass ich so empfindlich bin, dass ich manchmal so launisch schon auf bestimmte Worte meines Partners reagiere.«

Wenn jemand so etwas erzählt, frage ich ihn immer: »Wen hasst du eigentlich? Oder warum hasst du dich selbst?« Oft hat der Mensch, der sich selbst hasst, ein ganz bestimmtes Bild, wie er sein sollte. Aber er spürt, dass er diesem Bild nicht entspricht. Und daher hasst er sich selbst. Der Hass wäre also eine Einladung, sich von diesen Bildern zu verabschieden und in aller Demut realistisch zu sehen: Ich bin so, wie ich bin: empfindlich, verletzt, andere

144

verletzend, voller Hass, voller Ohnmacht. Es ist schmerzlich, sich so realistisch zu sehen. Daher braucht es immer
wieder die Demut, um sich ehrlich anzuschauen. Und es
braucht Barmherzigkeit. Ich soll barmherzig mit mir
umgehen. Eine gute Übung ist, sich mit all den negativen
Seiten, mit all dem inneren Chaos zu umarmen und sich
vorzustellen, wie Gottes Liebe in diese dunklen Bereiche
meiner Seele eindringt und wie ich selber meine eigene
Liebe dort hineinströmen lasse. Dann komme ich langsam
aus dem Teufelskreis heraus, mich selbst zu hassen und aus
diesem Hass heraus immer wieder das zu tun, was ich
eigentlich an mir verabscheue. Ich versuche, mich zu verstehen, warum ich so bin, wie ich bin. Ich verurteile mich
nicht, sondern umarme mich. Durch die Umarmung und
durch die barmherzige Haltung mir selbst gegenüber kann
sich all das, was ich in mir hasse, wandeln. Es wird liebens-
würdig. Das bewahrt mich davor, das zu tun, was ich dann
wieder hassen würde. Und ich werde spüren: Ja, es ist viel
schöner, mich selbst zu umarmen als mich zu hassen.

Etwas anderes ist es, wenn ich die Erfah- *Selbstschutz ist*
rung mache, dass ein anderer mich hasst. *wichtig*
Das tut weh. Eine sinnvolle Reaktion ist,
sich dann fragen, ob ich den anderen verletzt habe. Aber
wenn ich spüre, dass ich ihm fair begegnet bin, dann muss
ich den Hass bei ihm lassen. Ich darf mich dann nicht
ducken und anpassen, nur damit er zufrieden ist. Das
würde mir nicht gut tun und auch dem andern nicht. Ich
frage mich dann: Wie schecht muss es ihm gehen, dass er
mich so hasst? Fühlt er sich mir gegenüber minderwertig?
Oder spreche ich in ihm etwas an, was er in sich selbst

hasst? Ich kann versuchen, den Hass des anderen zu verstehen. Aber ich muss den Hass bei ihm lassen, ohne mich davon bestimmen zu lassen. Und wichtig ist, sich gut zu schützen vor dem Hass des anderen.

Hassgefühle Gott gegenüber Manchmal kommen auch Gott gegenüber Hassgefühle auf. Eine Frau erzählte mir, fast erschrocken: »Ich habe so viel gebetet, dass meine Mutter wieder gesund wird. Aber sie ist gestorben. Da habe ich Gott gehasst.« Ich habe ihr gesagt: »Dein Hassgefühl Gott gegenüber ist Ausdruck deiner Enttäuschung Gott gegenüber. Gott ist nicht so, wie du ihn dir vorgestellt hast. Du hast immer gebetet. Aber trotzdem ist dir manches Leid nicht erspart geblieben. Die Frage ist, wie du mit diesem Hass Gott gegenüber umgehen kannst.«

Der Hass gegen Gott fordert mich heraus, mich von dem Bild des guten Gottes zu verabschieden, der immer für mich sorgt und alles zum Besten lenkt. Gott ist der unbegreifliche Gott. Ich habe Gott vielleicht zu sehr als einen menschlichen Vater gesehen. Der Hass lädt mich ein, den unbegreiflichen Gott zu erahnen. Gott ist immer beides: persönlich und überpersönlich. Der Hass gilt dem persönlichen Gott, der so anders ist, als ich ihn mir vorgestellt habe. Daher ist er zugleich eine Einladung, zunächst einmal mehr den überpersönlichen Gott zu erahnen, etwa den mütterlichen Gott zu spüren, der mir in der Natur begegnet. Ich kann seinem Geheimnis nachspüren in der Schönheit der Schöpfung, in der Wärme der Sonne, in der Zärtlichkeit des Windes. Der Hass zerstört mein bisheriges Gottesbild. Aber ich darf mit dem Hass nicht Gott selbst aufgeben. Der Hass lädt mich vielmehr ein, ein neues Gottesbild zu entdecken, den Gott, der alles durchwirkt, der mich trägt in der Schöpfung, der in mir ist als das Geheimnis und als der tiefste Grund meiner Seele.

Ritual

Überlege, wer dich am tiefsten verletzt hat, oder wen du am meisten hasst. Vielleicht findest du keinen Menschen, den du wirklich hasst. Dann darfst du dankbar sein. Dann begnüge dich damit, dir einen Menschen zu suchen, mit dem du dich schwertust, der dir unsympathisch ist oder der dich verletzt hat. Vielleicht findest du auch einen Menschen, der dich hasst. Stelle dich aufrecht hin und erhebe deine Hände, halte die offenen Hände nach vorne und stelle dir vor, dass durch deine Hände jetzt Gottes Segen zu dem Menschen hinströmt, den du hasst oder der dich hasst. Bleibe fünf Minuten in dieser Gebärde. Vielleicht spürst du am Anfang Widerstand dagegen. Aber vielleicht kannst du diese Gebärde auch als Schutzgebärde erfahren. Der Segen schützt dich vor dem Hass des anderen oder vor der Verletzung durch den anderen. Und du spürst, dass durch dich Gottes Segen zum anderen strömt. Du bleibst nicht das Opfer der Verletzung. Du reagierst aktiv. Du sendest eine aktive Energie zum anderen. Das macht dich selbst lebendig. Und vielleicht kannst du den anderen nach dem Segen mit anderen Augen anschauen. Der andere ist nicht mehr nur der, der dich verletzt hat oder der dich hasst. Er ist auch ein gesegneter Mensch, ein Mensch, der unter dem Segen Gottes seinen Weg geht.

12. Alte Verletzungen im BELEIDIGTSEIN erkennen

Rückzug in den Raum des Beleidigtseins

Die Anlässe können, je nach seelischer Konstitution der Betroffenen ganz verschieden sein. Und es geht meist auch nicht immer um »große« Dinge. Da war etwa kürzlich eine ganz alltägliche Situation bei einem Kurs: Beim Essen will sich eine Frau, die als Einzelgast im Kloster ist, an einen Tisch setzen. Aber die Leute geben ihr höflich zu verstehen, dass der Tisch nur für Kursteilnehmer und nicht für Einzelgäste ist. Obwohl die Leute das sehr freundlich sagen, ist die Fragende beleidigt. Ein anderes Beispiel, aus einem Ehealltag: Ein Partner geht nicht auf die Wünsche des anderen ein, und tut einfach nur das, was er möchte. Die Frau hat das Gefühl, dass sich der Mann dabei nicht genügend in sie einfühlt. Sie ist, wie man sagt, »eingeschnappt«, reagiert sauer. Oder, ebenfalls aus den Szenen einer Ehe: Der Mann ist beleidigt, weil sie ihn mit einem unbedachten Wort verletzt hat. Er ist nicht mehr in der Lage über das zu sprechen, was ihn verletzt hat, und verfällt in beleidigtes Schweigen. Ein emotionaler »Teufelskreis« in den Reaktionen setzt ein: Die Frau reagiert auf dieses Verstummen dann entweder hilflos oder aber aggressiv. Sie wirft ihm vor, dass er mit seinem Beleidigtsein Macht ausübt, dass er sie lähmt, dass sie gar nicht mehr weiß, was sie machen soll. Dann fallen typische Worte wie: »Du versteckst dich hinter deinem Beleidigtsein. Ich erreiche dich nicht mehr.«

Es gibt Menschen, die nicht mit einem »dicken Fell« ausgestattet sind, sondern dünnhäutiger und empfindlicher reagieren. Und es gibt solche, die grundsätzlich schnell verletzt sind und sich auf ihre Feinfühligkeit auch noch etwas einbilden. Manche leiden aber auch unter ihrer Empfindlichkeit und fühlen sich nicht gut dabei, wenn sie aus ihrem Beleidigtsein nicht mehr herauskommen können. Sie richten sich dann in diesem Gefühl ein. Schweigen zieht in die Beziehung ein. Bei wieder anderen verbirgt sich dahinter eine Art Strategie: Wenn ich beleidigt bin, erwarte ich, dass sich der andere entschuldigt. Ich möchte, dass er sich klein macht. Dann bin ich vielleicht wieder bereit, aus dem Raum meines Beleidigtseins herauszutreten. Ja, es gibt diese Strategie, beleidigt zu sein, statt sich dem Konflikt zu stellen. Wer sich auf sein Beleidigtsein zurückzieht, blockiert das ehrliche Gespräch um die Probleme, die den Konflikt verursacht haben. Ein solches Beleidigtsein wird zu einer Anklage. Ich mache mich unangreifbar in meinem Beleidigtsein. Und ich übe Macht aus. Ich vermittle dem anderen Schuldgefühle: Er ist so gemein, mich verletzt zu haben.

Eine Form der Machtausübung

Welche Auswege gibt es in solchen Situationen? Wie anders können wir umgehen mit diesem Gefühl, das uns alle bisweilen trifft. Auch beim Beleidigtsein geht es ja darum, wie ich es verwandeln kann in ein besseres Gefühl.

Der *erste Schritt*, das Beleidigtsein zu verwandeln, geht über das genaue Hinspüren: Was hat mich denn so verletzt? Was hat mich gekränkt? Hat der andere meine

Genaues Hinspüren und Klären sind hilfreich

empfindliche Stelle getroffen? Oder spüre ich bei seinen Worten und beim Verhalten eine Entwertung meiner selbst? Stellt sich der andere über mich? Oder empfinde ich, dass sein Verhalten unfair und verletzend ist, dass er kein Gespür für mich und für die anderen hat, dass er einfach nur sich selbst in den Mittelpunkt stellen will? Ich versuche also, mein Beleidigtsein zu verstehen.

Der *zweite Schritt* ist dann, dass ich dem anderen auch sage, dass ich mich verletzt fühle. Ich kann dann versuchen, zu erklären, was mich so verletzt hat. Nicht aggressiv und nicht im Sinne einer Anklage. Ich informiere ihn nur, dass mich seine Worte oder sein Verhalten verletzt haben. So kann der andere erkennen, wie sein Verhalten gewirkt hat. Und er hat die Freiheit, sein Verhalten zu ändern. Und er kann sein Bedauern kundtun. Es gibt aber auch Menschen, die sich dann verteidigen und den Verletzten noch mehr kränken, indem sie ihm vorwerfen, er sei überempfindlich. Er würde alles negativ deuten und würde in allem sich verletzt fühlen. Wenn sich der andere verteidigt und mich angreift, dann ist ein klärendes Gespräch kaum möglich. Dann kann ich nur mein Gefühl ernst nehmen: Mir hat es wehgetan. Ich fühle mich verletzt, ganz gleich, wie der andere es erklären mag.

Innerlich Abstand gewinnen Ein wichtiger Weg, frei zu werden von diesem negativen Gefühl, besteht darin, dass ich mich von meinen Schmerz distanziere. Ich nehme den Schmerz wahr. Aber ich bin nicht nur mein Schmerz. Ich versuche, innerlich Abstand zu bekommen von meinem Schmerz. Nur dann kann ich damit umgehen und mich von seiner Macht befreien. Ich überspringe und leugne den Schmerz nicht. Ich nehme ihn wahr und ernst. Aber er ist nur ein Teil meiner Person. Ich gehe dann vom Schmerz in den schmerzfreien Raum meiner Seele. Und ich versuche, mich dort aufzuhalten. Von diesem schmerzfreien Raum aus kann ich dann mein Gefühl des Beleidigtseins anschauen und Distanz zu ihm bekommen.

Wie kann man sich diesen schmerzfreien Raum vorstellen? Und wie kann ich ihn erreichen? Gemeint ist ja nicht eine Illusion, mit der ich mir selber suggeriere, dass ich gar nicht verletzt worden bin. Es ist in der Tat gar nicht so leicht, dieses Bild so zu beschreiben, dass es uns im Alltag hilft, mit unseren Emotionen umzugehen. Ich möchte es versuchen. Wenn mich jemand fragt, schlage ich ihm vor, sich folgendes vorzustellen: In deinem Brustbereich spürst du deinen Ärger, deine Eifersucht, dein Beleidigtsein. Aber gehe mit deinem Bewusstsein durch diese Emotionen hindurch. Worauf stößt du dann? Stößt du immer nur auf Emotionen? Ich bin überzeugt: Unterhalb deiner Emotionen ist ein Raum, zu dem die Emotionen keinen Zutritt haben. Die Mystiker sprechen hier vom Grund der Seele, unterhalb aller Gedanken und Gefühle. Katharina von Siena spricht von der inneren Zelle. Stelle dir also vor: Du hast tief in deinem Innern eine Zelle, die du so verschließen kannst, dass kein Mensch da eintreten kann, dass kein Gefühl dort Zutritt hat. Ich kann dir diesen schmerzfreien Raum nicht beweisen oder konkret zeigen. Aber versuche, ihn dir einfach vorzustellen. Mir persönlich hilft es, wenn ich mich bei einer Sitzung ärgere, oder wenn ich mich verletzt fühle oder auch beleidigt reagiere, mir dann vorzustellen: Ja all diese Gefühle sind in mir. Ich lasse sie zu. Aber unterhalb dieser Gefühle ist mein innerer Raum, mein privates Zimmer, in das ich niemanden eintreten lasse. Da fühle ich mich wohl. Da bin ich schmerzfrei.

Distanz ermöglicht Wenn ich mich in diese Vorstellung hi-
Annahme der neinbegebe, mache ich die folgende Er-
Emotion fahrung: Zumindest gibt mir der innere
Raum das Gefühl, dass das Beleidigtsein mich nicht ganz und gar beherrscht. Es ist eben nur ein Teil von mir. Aber ein anderer Bereich in mir ist frei davon. Diese innere Distanz ermöglicht mir die Annahme der Emotion. Die Annahme ist der erste Schritt. Der nächste Schritt besteht dann darin, dass ich mich aussöhne mit meiner empfindlichen Stelle. Ich erkenne an, dass ich empfindliche Stellen habe, mit denen ich manchmal übertrieben auf bestimmte Worte reagiere. Oder aber ich söhne mich aus mit der alten Wunde, die durch die verletzenden Worte von neuem aufgerissen wurde. Dieser Schritt dauert länger. Und ich kann ihn nicht vor den anderen gehen. Wenn ich im Gespräch mit anderen eine innere Distanz zu meinem Schmerz gewonnen habe, dann kann ich allein für mich nochmals diese empfindliche Stelle und diese alte Wunde anschauen, den Schmerz nochmals spüren, den die alte Wunde in mir ausgelöst hat. Und ich kann dann diese Wunde Gott hinhalten, damit seine Liebe in sie einströmen und sie verwandeln kann. Dann höre ich auf, mich zu beschimpfen, dass ich beleidigt reagiert habe. Und ich verzichte auch darauf, die anderen zu beschimpfen, die mich verletzt haben. Mein Gefühl wird vielmehr zu einer Einladung, meine eigene Lebens-

geschichte mit ihren Verletzungen anzuschauen und mich damit auszusöhnen. Wenn die Liebe Gottes in die alte Wunde hineinströmt, dann stört mich die Wunde nicht mehr. Sie wird vielmehr zum Einfallstor für Gottes Geist und Gottes Liebe. Und je öfter ich die Liebe Gottes in die alte Wunde strömen lasse, desto effektiver wird die Verwandlung sein. Irgendwann spüre ich dann die empfindliche Stelle nicht mehr. Sie ist vielleicht noch eine Narbe. Aber sie tut nicht mehr weh. Sie ist verheilt.

Natürlich ist es eine große Hilfe, wenn man mit einem anderen über seine Wunden und seine Empfindlichkeit sprechen kann. Wer einem Seelsorger oder Therapeuten von seinen Verletzungen erzählt, bekommt schon etwas Abstand dazu, und im Gespräch spürt er, dass der andere ihn versteht. Er erfährt: Du bist nicht allein mit deinem Schmerz. Der andere fühlt mit dir. Und dieses Mitgefühl kann deinen Schmerz verwandeln. Du fühlst dich geliebt, so wie du bist. Und dann kannst du dich selber lieben und annehmen, anstatt dich selbst wegen deiner Empfindlichkeit zu verurteilen.

Mitgefühl verwandelt den Schmerz

Ritual

Überlege, wo du einmal richtig beleidigt warst. Stelle dir die Situation noch einmal vor, in der du beleidigt reagiert hast. Und dann spüre dich in dieses Gefühl noch einmal hinein. Wie war das Gefühl? Was hat dich so gekränkt? Und dann überlege: Was wolltest du mit dem Beleidigtsein den anderen sagen? War da Aggression drin, oder die Lust, jetzt auch sie zu verletzen, dich an ihnen zu rächen, indem du sie in die

Hilflosigkeit gestürzt hast? Bewerte dein Beleidigtsein nicht, sondern versuche, dich hineinzuspüren und all die Motive zu entdecken, die mit dem Beleidigtsein verbunden sind. Wahrscheinlich wirst du am Ende dieser Überlegungen über dich schmunzeln, wie raffiniert du bist, dich zu schützen oder auch den anderen deine Macht zu zeigen. Du wirst dir auf die Schliche kommen, wie du auf die Verletzungen der anderen reagierst. Und dieses wertfreie Erkennen wird dich einladen, reifere Weisen der Reaktion in Betracht zu ziehen.

13. Geh kreativ mit deiner TRAURIGKEIT um

Trauer ist keine Krankheit. Traurige Gefühle gehören zum Menschen. Es gibt viele Situationen, auf die wir mit Traurigkeit reagieren. Wenn ein lieber Mensch stirbt, kann es sein, dass ich selber in ein dunkles Loch der Trauer falle, dass der Schmerz mich überwältigt. Ich bin aber auch traurig, wenn ich von einem Menschen enttäuscht worden bin. Ich bin traurig, wenn ich etwas verloren habe. Und ich bin traurig, wenn ich versagt oder einen Misserfolg erlebt habe, wenn ich im Gespräch ärgerlich war und wenn dadurch das Gespräch schiefgelaufen ist. Auch nach einem Streit kann es sein, dass es mir nicht gut geht. Und dieses Gefühl einer tiefen inneren Verstimmung kann auch ein paar Tage dauern. Und ich bin traurig, wenn ich von einem Menschen enttäuscht bin, wenn ich z.B. die Schwächen meines Vaters oder meiner Mutter erfahre. Ich bin auch traurig, wenn ein Freund versagt oder mich verletzt. Ich bin traurig, wenn alte Menschen in einer ganz tiefen Verbitterung wie gefangen sind und nicht mehr aus dieser Düsternis herauskommen. Manchmal spüre ich aber auch Traurigkeit in mir, ohne dass ich weiß, warum. Ich bin einfach so. Die Traurigkeit überkommt mich, ohne dass ich den Grund dafür kenne.

Traurige Gefühle gehören zum Leben

Die frühen Mönche unterscheiden die Traurigkeit (*lype*) von der Trauer (*penthos*). Die Traurigkeit ist mehr ein Selbstmitleid. Und Evagrius Ponticus meint, auf dem Grund der Traurigkeit stünden infantile Wünsche an das Leben.

Traurigkeit und Trauer

155

Weil das Leben diese Wünsche nicht erfüllt hat, reagiere ich weinerlich wie ein kleines Kind. Ich kreise immer um meine unerfüllten Wünsche und schwimme gleichsam im Selbstmitleid immer die gleichen Runden. Diese Traurigkeit hängt an der Vergangenheit und kann sich nicht der Gegenwart stellen.

Trauer ist dagegen die Bereitschaft, durch den Schmerz über die unerfüllten Wünsche hindurchzugehen und zum Grund der Seele zu gelangen, wo ich mit mir selbst in Frieden bin. Zur Trauer gehört, in den inneren Raum der Stille vorzudringen, in dem Gott in mir wohnt und ich im Einklang bin mit meinem wahren Selbst. Mit dem Begriff »Trauerarbeit« beschreibt die Psychologie einen wichtigen Weg, sich von seinen Illusionen über sich und sein Leben zu verabschieden und seine eigene Durchschnittlichkeit anzunehmen.

Das deutsche Wort »traurig« hängt mit einem Wort zusammen, das sinken, matt, kraftlos werden, fallen bedeutet. Traurig ist also der, der seinen Kopf sinken lässt, der keinen Boden mehr unter den Füßen hat, der versinkt in seiner Traurigkeit.

Melancholie und Kreativität Traurige Gefühle gehören zum Menschen. Wenn wir alte Volkslieder singen, dann klingt da immer etwas Traurigkeit, etwas Melancholie mit. Die Melancholie war im Mittelalter ein positives Gefühl. Da glaubte man, dass alle Künstler die Melancholie brauchen, um besonders kreativ zu sein. Sie ist eine Quelle, aus der heraus ich etwas gestalten kann. Kunst war wesentlich immer auch Verwandlung von Melancholie in Kreativität. Und offensichtlich waren auch

Lieder immer ein Weg, die Traurigkeit und Melancholie zu verwandeln. Indem ich meine traurigen Gefühle im Singen ausdrücke, werden sie schon verwandelt. Denn im Singen komme ich in Berührung mit dem inneren Seelengrund. Und dort ist eine Quelle von Freude und Liebe.

Ein wichtiger Weg, die Traurigkeit zu verwandeln, ist also, sie auszudrücken. Da gibt es viele kreative Möglichkeiten. *Befreiender Ausdruck*
Das kann im Singen geschehen oder im Erzählen: Indem ich einem anderen meine traurigen Gefühle äußere, können sie sich wandeln. Aber es kommt darauf an, wie ich mit dem anderen von meinen traurigen Gefühlen spreche. Das Sprechen kann Ausdruck meiner Demut sein, dass ich trotz Erfolg und trotz spiritueller Praxis diese traurigen Gefühle habe. Ich kann aber auch dem anderen nur etwas vorjammern. Dann wird meine Traurigkeit nicht verwandelt. Ich kreise dann vielmehr im Erzählen immer nur um mich und bleibe in meinem Selbstmitleid hängen. Nur wenn ich wirklich ein Gespräch führe, indem ich dem anderen die Möglichkeit gebe, mir zu antworten und mir seinen Eindruck zu sagen, kann sich mein Gefühl wandeln. Zum Gespräch gehört auch das Hören auf den anderen. Und es gehört dazu, dass ich den anderen anschaue und ihm ehrlich sage, was in meiner Seele ist. Das befreit mich schon vom Verhaftetsein an mein Selbstmitleid.

Das Ausdrücken der traurigen Gefühle kann auch durch Malen geschehen. Ich kann all die innere Dunkelheit auf das Papier malen. Dann bekomme ich Abstand dazu. Ich kann das innere Chaos, das sich jetzt auf dem Papier mir zeigt, anschauen und darüber nachdenken. Ich habe es aus mir herausgebracht. So beherrscht es mich nicht mehr. Ich kann es selber anschauen und ich kann es anderen zeigen. Das tut mir gut. Ein anderer Weg, die traurigen Gefühle auszudrücken, ist die Musik. Eine Frau erzählte mir: »Ich spiele gerne auf meinem Klavier traurige Melodien. Dann werde ich innerlich ruhig. Das tut mir gut.« Nicht nur auf dem Klavier, auch auf der Geige oder auf dem Cello kann ich meine Gefühle ausdrücken. Das geht entweder, indem ich vorgegebene Literatur spiele. Ich wähle dann Stücke aus, die mir gut tun, die beides beinhalten: Traurigkeit und Freude. Mozart hat in seiner Musik immer beide Pole gekannt: Da sind Melodien voller Traurigkeit und dann lösen sie sich wieder auf in fröhliche Passagen. Ich kann aber auch auf meinem Instrument improvisieren und einfach das spielen, was in meiner Seele ist. Dann wird sich die Traurigkeit wandeln. Ich verdränge sie nicht, ich drücke sie aus und verwandle sie im Spielen.

Der spirituelle Weg der Verwandlung Es gibt neben psychologisch ausgerichteten Methoden natürlich auch spirituelle Wege, die Traurigkeit zu verwandeln. Ein spiritueller Weg, die Traurigkeit zu verwandeln, ist, durch sie hindurchzugehen in den Grund meiner Seele. Für mich ist das ein guter Weg geworden. Ich selber kenne manchmal am Sonntagnachmittag, wenn ich allein auf meinem Zimmer sitze, dieses Gefühl von Traurigkeit. Es ist oft die Traurigkeit darüber, allein zu sein. Dann stelle ich mir vor: Ich spüre die Traurigkeit in meinem Herzen und im ganzen Brustbereich. Dann gehe ich mit meiner inneren Vorstellungskraft durch die Traurigkeit hindurch und stelle mir vor, wie ich in den Beckenraum vordringe. Und dort stelle ich mir den Grund meiner Seele vor. Und auf dem Grund meiner Seele spüre ich Frieden und Liebe. Die Traurigkeit verschwindet dadurch nicht einfach. Aber ich spüre, dass sie mich nicht im Griff hat, sondern dass sie mich in den Grund meiner Seele führt. Dort bin ich einverstanden mit mir und meinem Leben und auch mit meinem Alleinsein. Und dann fühle ich mich auf einmal eins mit allen Menschen. Und wenn ich das zulasse: Ich fühle jetzt wie viele Menschen, die sich einsam fühlen. Dann fühle ich mich nicht mehr allein. Und ich bin nicht mehr traurig. Ich fühle mich eins mit Gott. Und diese Einheit mit Gott bewirkt in mir eine innere Weite und auch eine stille Freude.

Dieser Grund der Seele entspricht dem schmerzfreien Raum. Wir können über diesen Raum nur in Bildern sprechen. Natürlich gibt es die Gefahr, dass ich vom Gefühl der Traurigkeit in diesen inneren Raum flüchte, dass ich also meinen Leib – und dazu gehören auch die Emotionen – überspringe und mich sofort in den Geist hineinbegebe. Um diese Gefahr zu vermeiden, ist es wichtig, dass ich meine Traurigkeit wirklich spüre und annehme und sie nicht zu schnell spirituell überspringe.

Auch die Bibel spricht über die Verwandlung der Traurigkeit. Paulus schreibt im zweiten Korintherbrief über die verschiedenen Arten der Traurigkeit und über ihre Verwandlung. Paulus war traurig über den Konflikt, den er mit den Korinthern hatte. Und er hat ihnen einen Brief geschrieben, der sie traurig gemacht hat, weil

Gottgewollte
Traurigkeit und
unsere Sehnsucht

159

er sein eigenes Verletztsein darin ausgedrückt hat. Aber dann schreibt er: Es war gut, dass die Korinther traurig geworden sind. Denn das hat sie dazu geführt, ihre Einstellung zu ändern und Paulus zu verstehen und zu akzeptieren. Paulus unterscheidet dann eine Traurigkeit, die gottgemäß ist, und eine Traurigkeit, die dem weltlichen Denken entspricht: »Die gottgewollte Traurigkeit verursacht nämlich Sinnesänderung zum Heil, die nicht bereut zu werden braucht; die weltliche Traurigkeit aber führt zum Tod.« (2 Kor 7,10) Die gottgewollte oder gottgemäße Traurigkeit erkennt, dass die Welt meine tiefste Sehnsucht nicht zu erfüllen vermag. In ihr drückt sich die Sehnsucht nach Gott aus. Die Welt mit ihren Konflikten enttäuscht mich und meine Sehnsucht. Und so ist die Traurigkeit eine Herausforderung, meinen Halt in Gott zu suchen. Die weltliche Traurigkeit ist die Traurigkeit, dass die Welt meine infantilen Wünsche nicht erfüllt. Wenn ich in ihr hängen bleibe, dann kreise ich immer um die unerfüllten Wünsche und weigere mich, mich dem Leben zu stellen. Und diese Verweigerung vor dem Leben ist Tod. Ich sterbe innerlich ab. Ich lebe nicht wirklich.

Für Paulus geht es also darum, die weltliche Traurigkeit in eine gottgewollte Traurigkeit zu verwandeln. Und er beschreibt, was die gottgewollte Traurigkeit bei den Korinthern bewirkt hat: »Wie groß war doch der Eifer, zu dem euch diese gottgewollte Traurigkeit geführt hat, wie aufrichtig eure Entschuldigung, euer Unwille, eure Furcht, eure Sehnsucht, wie wirksam eure Anstrengung und am Ende die Bestrafung!« (2 Kor 7,11) Die Korinther wurden also durch die Traurigkeit, die der Brief bei ihnen verursacht hat, dazu geführt, sich von dem Übeltäter, der Paulus so unfair angegriffen und verleumdet hat, zu distanzieren, sich innerlich von ihm abzuwenden und ihn zuletzt zu bestrafen. Aber noch wichtiger sind die anderen Haltungen, die die Traurigkeit in den Korinthern hervorgerufen hat. Die Traurigkeit hat die Korinther zum Eifer angestachelt, gut zu handeln und die Situation in der Gemeinde neu zu regeln. Sie hat in ihnen Furcht hervorgerufen. Furcht meint nicht Angst, sondern die Bereitschaft, sich betreffen zu lassen von der Not des anderen, vom Schmerz, den Paulus ihnen offenbart hat. Und die Traurigkeit hat die Korinther mit ihrer Sehnsucht in Berührung gebracht. Sehnsucht meint letztlich immer die Sehnsucht nach Gott. Sie haben auf einmal gespürt, dass die zwischenmenschlichen Konflikte sie befreien von der Illusion, sie könnten sich immer in einer vollkommenen Gemeinschaft wohlfühlen. Die Traurigkeit lässt sie ihre Sehnsucht spüren, dass Gott ihre tiefsten Wünsche erfüllt, dass nur in Gott wirklicher Friede, Ruhe und Glück zu finden ist.

Wir alle haben eine Tendenz in uns, unsere Traurigkeit durch Beschäftigung zu überspringen. Wenn ich meine Trau-
Wir sollten nichts überspringen
rigkeit bewusst wahrnehme und auf sie mit einer Tätigkeit antworte, dann ist es gut. Aber wenn ich die Traurigkeit sofort überspringe, sobald sie auftaucht, und mit Aktivitäten zudecke, dann tut es mir nicht gut. Dann bin ich auf der Flucht vor mir. Wenn ich selber, wie ich gesagt habe, also am Sonntagnachmittag meine Traurigkeit spüre, kann ich sie zulassen und durch sie hindurchgehen. Ich kann aber auch sagen: Ja, ich bin heute traurig. Aber ich tue jetzt das, was mir Spaß macht: Ich gehe spazieren oder ich

schreibe etwas. Das kann meine Traurigkeit verwandeln. Wenn ich mich aber ständig damit beschäftige, die Traurigkeit ja nicht hochkommen zu lassen, dann werde ich gehetzt sein. Es geht also darum, die Traurigkeit zu verwandeln, entweder indem ich durch sie hindurchgehe oder indem ich darauf antworte mit etwas, was meiner Seele und meinem Leib gut tut.

Ritual

Setze dich an einen einsamen Ort und bleibe ganz bei dir. Gehe mit deinem Bewusstsein in dein Herz und in den Brustbereich. Und spüre, dass da auch das Gefühl von Traurigkeit ist. Gehe in die Traurigkeit hinein. Wie fühlt sie sich an? Aber dann gehe durch die Traurigkeit hindurch. Stelle dir vor, dass die Traurigkeit nur den Brustbereich erfüllt, aber nicht mehr das Bauchgefühl beeinträchtigt. Gehe hinunter in den Bauch und dann in den Beckenraum. Und stelle dir vor: Auf dem Grund des Beckens komme ich in Berührung mit dem Grund meiner Seele, mit dem inneren Raum der Stille. Und dort hat die Traurigkeit keinen Zutritt. Dort findest du inneren Frieden. Und es ist ein Raum von Liebe, in dem du dich daheim fühlen kannst. Und dann öffne diesen Raum für alle Menschen. Dort auf dem Grund deiner Seele bist du mit allen Menschen verbunden. Achte auf dieses Gefühl der Verbundenheit mit allen Menschen, vor allem mit denen, die sich einsam fühlen. Dann wird dein Herz weit. Und die Traurigkeit wandelt sich in Frieden und Einverstandensein mit deinem Leben und in das Gefühl tiefer Einheit und Verbundenheit mit allem, was ist: mit dir selbst, mit Gott, mit allen Menschen und mit der ganzen Schöpfung.

14. SORGE UND KUMMER lassen sich verwandeln

Ob jung oder alt, Sorgen machen sich alle. Die Zukunft ist immer ungewiss, riskant. Keiner weiß, was da alles auf ihn zukommen wird. Natürlich kann man planen. Aber die Zukunft bleibt unsicher. Je weniger uns die Ungewissheit bewältigbar erscheint, desto stärker werden uns Sorgen plagen. Die Ungewissheit gehört zu unserer menschlichen Natur. Wir haben weder die Kontrolle über unsere Gesundheit, noch über unsere Lebensdauer, noch über die Gesundheit unserer Kinder. Da gibt es nicht nur die akuten Probleme. Geldsorgen etwa, wenn einer unerwartet im Beruf gekündigt wird und Schulden abzuzahlen und die Kinder noch in der Ausbildung sind. Andere sind fixiert auf die Unsicherheit, wie es einmal im Alter sein wird. Schon für junge Paare fängt das an: Wird unsere Beziehung die Krise überstehen? Kann sie dauerhaft und fest werden? Und wenn wir ein Kind erwarten: Wird das Baby gesund sein oder wird es Komplikationen geben? Wie werden wir unsere Kinder erziehen? Können wir einem Kind diese unsichere Welt überhaupt zumuten? Die Eltern machen sich Sorgen, dass ihren Kindern nichts passiert und dass sie sie gut erziehen. Und es gibt sie ja tatsächlich, sogenannte Sorgenkinder: schwierig in der Pubertät, Leistungsverweigerer in der Schule oder als Halbwüchsige in »schlechter Gesellschaft«. Wie wird das ausgehen? Kann es schlimm enden? Sorgen gehören zum Leben. Das Dasein selber ist Sorge. Der Philosoph Martin Heidegger hat den Menschen definiert als einen, der sich

Sorgen gehören zum Leben

sorgt. In der Welt sein heißt: sich um sich und seine Existenz sorgen. Die Sorge lässt den Menschen nicht zur Ruhe kommen. Wir können der Sorge nicht entgehen. Wir machen uns einfach Sorgen und wir haben Sorgen, ob wir wollen oder nicht. Wir können sie nicht aus uns herausreißen. Wir können sie nur verwandeln. Die Frage ist, wie?

Was die Sprache sagt   Das deutsche Wort »Sorge« geht von der Grundbedeutung »Kummer und Gram« aus. Die Sorge ist also nichts Angenehmes. Sie bereitet dem Menschen Kummer. Im Russischen gibt es das Wort *soroga*, das mit Sorge verwandt ist. Es meint den mürrischen Menschen. Wer sich zu viel sorgt, der wird mürrisch. Mit ihm kann man nicht gut umgehen. Und Sorge wird von der Sprache her manchmal auch als Krankheit gesehen. Wer sich zu viel sorgt, ist krank. Er kommt nicht mehr zur Ruhe. Aber im Laufe der Zeit hat die eher negative Bedeutung von Sorge sich gewandelt. Wir sollten sorgfältig arbeiten, Vorsorge treffen, wir sollten mit anderen fürsorglich umgehen. »Sorgfältig« meint ursprünglich den Menschen, der lauter Sorgenfalten im Gesicht hat. Doch im Laufe der Zeit bekommt es die Bedeutung von »genau und achtsam«. Vielleicht drückt sich in der verwandelten Wortbedeutung auch eine Wandlung in der Einstellung aus. Für den mittelalterlichen Menschen – und auch für den Menschen der Antike, etwa für den Menschen der Bibel – war Sorge eher negativ besetzt. Wir machen uns zu viele Sorgen. Wir machen uns mit unseren Sorgen das Leben schwer. Doch in der Neuzeit wird Sorge auf einmal zu etwas Positivem. Wer sich sorgt, der wird sorgfältig, der tut etwas für andere, er arbeitet genau und gut. Wer sich z. B. um ein gesundes Baby sorgt, der wird alles dafür tun, dass es gesund bleiben wird.

Ein wichtiger spiritueller Weg, die Sorge für einen Menschen zu verwandeln oder auch die Sorge um den eigenen Lebens- *Verwandlung, die im Gebet geschieht* unterhalt oder um die Gesundheit und das Wohlergehen der Familie, ist das Gebet. Im Gebet trage ich Gott meine Sorgen vor. Ich stecke nicht den Kopf in den Sand und ich verdränge meine Sorgen nicht. Aber ich stelle sie ihm anheim. Und das kann meine Sorge in Vertrauen verwandeln. Das Gebet für die Menschen ist immer Ausdruck von Liebe. Weil ich sie liebe, bete ich für sie. In der Sorge spüre ich auch meine Ohnmacht. Mit noch so vielen Sorgen kann ich das Wohlergehen des Kindes nicht garantieren, kann ich meine Gesundheit nicht garantieren. Nichts in dieser Welt kann ich garantieren. Ich sorge, so weit ich sorgen kann. Aber ich zergrüble meinen Kopf nicht mit lauter Sorgen. Ich drücke die Sorge im Gebet aus. Das kann sie wandeln.

Für viele provokativ klingen die bekann- ten Worte Jesu von der Sorglosigkeit. Auch wenn sie allzu unrealistisch schei- *Jesus über die Sorglosigkeit* nen, es lohnt sich, sie zu bedenken: »Sorgt euch nicht um euer Leben und darum, dass ihr etwas zu essen habt, noch um euren Leib und darum, dass ihr etwas anzuziehen habt … Wer von euch kann mit all seiner Sorge sein Leben auch nur um eine kleine Zeitspanne verlängern?« (Mt 6,25.27) Es ist eine Art Lehrgedicht. Das griechische Wort für

Sorge *merimna*, das der Text verwendet, meint das sorgende Sich-Kümmern, die bange Erwartung von etwas, die Angst vor etwas. Es meint die quälenden und plagenden Sorgen, denen der Mensch unterworfen ist. Jesus fordert die Menschen nicht auf, nichts zu tun. Wenn er auf die Vögel des Himmels schaut, die nicht säen und nicht ernten, hat er die Arbeit des Bauern im Blick. Der Bauer soll weiterhin arbeiten, aber er soll sich nicht mit Sorgen quälen. Er soll darauf vertrauen, dass Gott das Werk seiner Hände segnet. Mit seiner Arbeit kann der Bauer das Wetter nicht beeinflussen. Er muss also auf Gott vertrauen, dass er dem, was er selbst tut, einen guten Rahmen verschafft, damit seine Arbeit Erfolg bringt. Und wir sollen immer daran denken, worauf es eigentlich ankommt: »Euch aber muss es zuerst um sein Reich und seine Gerechtigkeit gehen; dann wird euch alles andere dazugegeben.« (Mt 6,33) Es geht nicht darum, meine irdische Existenz nicht sinnvoll und verantwortungsvoll zu planen und auch eine gewisse Vorsorge und Absicherung zu treffen. Aber die Frage ist, worum es mir im Letzten geht. Wenn ich nur auf meinen Erfolg und meine Sicherheit schaue, werde ich voller Angst arbeiten. Und die Angst wird mich in meiner Arbeit behindern und lähmen. Das Vertrauen auf Gott, das Ausgerichtetsein auf sein Reich gibt mir die Freiheit, mich der Arbeit zu widmen, ohne mir den Kopf mit Sorgen zu zerquälen. Wenn Gott in mir herrscht, dann werde ich frei von quälenden Sorgen. Jesus will uns nicht abhalten, für unsere Familie und für unsere Welt und ihre Zukunft zu sorgen. Aber er weiß, dass ängstliches Sorgen unseren Geist verdunkelt.

Auch die Verwandlung der Sorgen wird *Die Ungewissheit*
die Ungewissheit und das Risiko nicht *bleibt*
aufheben. Die äußere Situation bleibt,
die kann ich nicht ändern. Aber ich kann meine Reaktion
selber in Freiheit bestimmen. Ganz frei von Angst und
Sorgen werden wir nie sein. Entscheidend ist, dass ich mitten in meiner Sorge zu Gott aufschauen kann und in mir
zumindest die Sehnsucht nach Vertrauen spüre. In der
Sehnsucht nach Vertrauen ist schon Vertrauen. Und dieser
Sehnsucht nach Vertrauen sollte ich trauen.

Ritual

Setze dich am Abend eines Tages einmal hin und frage dich:
Wo habe ich mir heute Sorgen gemacht? Für wen habe ich
gesorgt? Wo quälen mich jetzt in diesem Augenblick Sorgen?
Um wen mache ich mir Sorgen? Und dann frage dich: Haben
die Sorgen, die du dir heute gemacht hast, etwas Positives
bewirkt? Hast du das erreichen können, was du dir vorge-
nommen hast? Oder hast du erfahren können, dass Gott für
dich gesorgt hat, dass er alles zum Besten gelenkt hat? Und
wenn du jetzt Sorgen hast, versuche, Gott deine Sorgen
anzuvertrauen, dass er für dich sorgt. Und dann halte die
Menschen, um die du dich sorgst, Gott hin. Stelle dir vor, dass
dieser Mensch unter Gottes Segen steht, dass ein Engel ihn
begleitet. Dann kannst du diesen Menschen loslassen, bevor
du ins Bett gehst. Vertraue ihn Gott an. Gott sendet seinen
Engel, um diesen Menschen über alle Umwege und Irrwege
auf den richtigen Weg zu führen.

15. In der SCHAM liegt eine positive Kraft

Bloßstellung tut
weh

Scham hat viele Gesichter. Aber eines verbindet die unterschiedlichsten Situationen, in denen dieses Gefühl erlebt wird. Wer beschämt wird, fühlt sich bloßgestellt, in seiner Würde in Frage gestellt. Etwas, was wir am liebsten verbergen würden, oder etwas ganz Intimes wird ans grelle Licht gezerrt. Ich schäme mich, wenn ein Fehlverhalten plötzlich publik wird oder ein Scheitern bekannt wird. Es geht um meine Beziehung zu anderen. Es ist mir peinlich, wenn andere etwas erfahren, was das Bild, das ich von mir aufgebaut habe, verdunkelt oder zerstört. Da schämt sich ein Familienvater, dass er seine Arbeit verloren hat. Er spielt seinen Kindern noch die alte Routine vor, indem er jeden Tag aus dem Haus geht wie früher. Ein Kraftmensch schämt sich nach einem Schlaganfall, dass er nicht mehr der alte ist und vieles einfach nicht mehr kann. Das können aber auch ganz »kleine« und unspektakuläre Anlässe sein: Plötzlich schießt mir die Schamesröte ins Gesicht, wenn ich merke, ich habe da etwas gesagt, was mein Gegenüber peinlich berührt. Aber auch ganz schlicht kann das sein: Ich schäme mich meines Körpers, der nicht den Schönheitsnormen entspricht: weil die Beine zu kurz, der Bauch zu dick, die Haare zu dünn sind. Wir genieren uns, wenn wir wieder einmal zugenommen haben und kaschieren das mit der Kleidung. Wir kämmen die Haare so, dass sie die beginnende Glatze verdecken. Wir würden alles dafür tun, damit die anderen uns nicht negativ sehen.

Aber es können auch Vorfälle sein, die tiefgehende, bleibende Spuren hinterlassen. Da ist jener Zehnjährige, der in einem Wohninternat vor all seinen Mitschülern als Bettnässer öffentlich bloßgestellt wird. Der Akt der Beschämung ist eine Strafe, die das Kind in diesem Moment seiner Würde beraubt. Im Alltag Erwachsener kann es immer wieder vorkommen: Der Chef kritisiert mich vor den Kollegen, und ich möchte am liebsten im Boden versinken. Oder um ein Beispiel aus dem politischen Bereich zu nennen: Ein Mitarbeiter der Stasi hat einen jungen Menschen gezwungen, über einen Freund Aussagen zu machen. Jetzt liegen die Akten zur Einsicht offen und jeder kann sie einsehen: Das Fehlverhalten ist offenkundig. Er sieht seine Schuld. Er bereut sein Verhalten. Aber die Scham erfüllt ihn ganz und gar. Scham ist also weitverbreitet. Und immer gilt: Scham tut weh.

Das deutsche Wort »Scham« geht auf die indogermanische Wurzel *kam/kem* zurück, die bedecken, verhüllen bedeutet. Wenn das »s« vorangestellt wird in *skam*«, dann bedeutet es: sich bedecken, sich verhüllen. Das Wort »Scham« hat zugleich mit Schande zu tun. Wenn ich etwas als Schande erlebe, dann schäme ich mich. Im Deutschen unterscheiden wir die Schande als eine diskriminierende Lebenssituation und die Scham als eine subjektive Gefühlsregung. Im Hebräischen gehört beides zusammen. In der Bibel ist Scham immer Ausdruck einer schuldhaften Lebenssituation, einer Schande, die wir uns durch eine Schuld bereitet haben.

Scham hat mit Schande zu tun

Das Wort Scham kommt in der biblischen Schöpfungsgeschichte vor. Da heißt es: »Beide, Adam und seine Frau, waren nackt, aber sie schämten sich nicht voreinander.«

(Gen 2,25) Das ist der paradiesische Zustand. Beide können sich in ihrer Nacktheit annehmen. Doch nach dem Sündenfall heißt es: »Da gingen beiden die Augen auf und sie erkannten, dass sie nackt waren. Sie hefteten Feigenblätter zusammen und machten sich einen Schurz.« (Gen 3,7) Hier wird zwar nicht ausgesagt, dass sie sich schämten. Aber das deutsche Wort Scham heißt eben: bedecken. Beide wollen ihre »Scham«, ihre Geschlechtsteile bedecken. Sie haben Angst, sie zu zeigen. Als Gott den Adam zur Rede stellt, antwortet der: »Ich habe dich im Garten kommen hören; da geriet ich in Furcht, weil ich nackt bin, und versteckte mich.« (Gen 3,10)

Ich möchte mich vor Die Scham ist mit Angst verbunden.
anderen verbergen Adam hat Angst, von Gott nackt gesehen zu werden. Vor dem Sündenfall war das kein Problem. Da konnte er sich Gott nackt zeigen. Jetzt hat er Angst, dass seine Nacktheit auch seine Schuld anzeigt. Die Sünde von Adam und Eva hatte nichts mit Sexualität zu tun. Die Ursünde war eher, dass sie sein wollten wie Gott. Sie wollten wie Gott Gut und Böse erkennen. Doch dann erkannten sie, dass sie nackt waren. Die Sünde hat sie in Zwiespalt gebracht mit sich selbst. Und jetzt wollten sie ihre Geschlechtsteile voreinander bedecken. Und sie wollten sich vor Gott verstecken. Beides sind gute Beschreibungen des Schamgefühls: Es drückt die Scham voreinander aus. Am liebsten möchte ich dem anderen nicht zeigen, wie ich wirklich bin, dass ich nackt bin. Nackt sein ist ja auch ein Bild für Bloßgestelltwerden. Ich möchte bedecken, was mir peinlich ist. Das kann ein Fehler sein, das kann ein Versagen sein, das kann die Ein-

sicht sein, dass ich unangemessen auf einen Menschen reagiert habe. Und ich möchte mich verstecken vor Gott. Ich schäme mich auch vor Gott. Ich möchte das, was mir peinlich ist, vor Gott verbergen. Scham hat immer mit Peinlichkeit zu tun. Pein bedeutet ursprünglich Strafe, Qual, Not, Mühe. Peinlich meint: Es ist mir etwas unangenehm, beschämend. Es ist eigentlich strafwürdig. Und das möchte ich vor anderen verbergen.

Es ist gesund, wenn wir das, was uns peinlich ist, verbergen. Das Schamgefühl möchte uns schützen. Aber oft geht es nicht um das Peinliche, das wir verbergen, sondern mehr um unsere Gedanken darüber, was die anderen über uns denken könnten. Natürlich leben wir nicht unabhängig von anderen, wir sind auf deren positive Resonanz angewiesen. Aber wir sollten uns nicht abhängig von ihnen machen. Die anderen dürfen denken, was sie wollen. Ich bleibe bei mir selbst und dem Gefühl, was für mich stimmt.

Es wäre ein Missverständnis zu glauben, *Scham ist kein* dass Scham ein Zeichen von Unreife ist, *Zeichen von Unreife* dass ich also, wenn ich reif genug bin, aufhöre, mich zu schämen. Die Psychologen sagen, dass Scham zum gesunden Menschen gehört. Die Bedeutung des Schamgefühls ist in den letzten Jahren neu entdeckt worden. Einer der ersten war Leon Wurmser, der im Jahre 1981 das Buch »Die Maske der Scham« veröffentlicht hat. Seither haben sich viele Psychologen mit dem Thema der Scham auseinandergesetzt und das Phänomen genauer beschrieben. Die Scham drückt sich demnach aus im »Niederschlagen der Augen, Senken der Lider, des Kopfes und manchmal des ganzen oberen Körperteils« (Seidler, S. 22). Ein häufiger Ausdruck ist das Erröten. Man möchte sich verstecken, man möchte sich verkriechen. Aber gerade das Erröten zieht alle Aufmerksamkeit auf sich. Und so schämen wir uns dann erneut über das Erröten. Eine andere körperliche Reaktion auf die Scham ist das »eingefrorene Gesicht« (Ebd., S. 23). Wir ziehen die Muskeln zusammen, damit niemand unsere emotionale Regung erraten kann. Aber auch das gelingt uns nicht. Denn die anderen erkennen im eingefrorenen Gesicht unsere schamerfüllte Reaktion. Häufig empfinden Menschen auch Scham, wenn sie sich anderen »unterlegen, auf unangenehme Weise exponiert, erniedrigt oder des eigenen Wertes verlustig gegangen« (Ebd., S. 26) erleben, oder wenn sie sich von anderen negativ beurteilt fühlen. Léon Wurmser sieht vor allem drei Erfahrungen von Makel als Gründe bzw. als Kern des Schamgefühls an: Schwäche, Defekt und Schmutzigkeit, also das subjektive Gefühl, dass etwas mit mir nicht stimmt. Daher schämen sich viele Menschen auch für ihre psychischen Defekte, für ihre Depression oder ihre psychotischen Phasen.

Weil Scham unangenehm ist, möchten wir sie gerne loswerden. Aber es geht gar nicht darum, davon völlig frei zu werden, sondern darum, sie zu verwandeln. Die Frage ist, wie?

Scham – eine Wächterin unserer Würde   Zunächst sollten wir die positive Bedeutung der Scham erkennen. Léon Wurmser nennt Scham auch »die Wächterin der Menschenwürde« und ordnet ihr eine wichtige Rolle zu. In der Scham schützen wir uns vor den Blicken der Menschen. Allerdings gelingt es oft nicht. Denn wenn die Menschen sehen, dass wir uns schämen, vertieft das noch unsere Scham. Aber es gibt ja auch ein anderes Schamgefühl. Es ist die Scham, etwas zu zeigen. Wir ziehen uns nicht nackt aus vor anderen. Wir entblößen auch unsere Seele nicht. Wir haben das Gefühl, dass wir das innerste Geheimnis unserer Seele schützen sollen. Das ist die positive Seite der Scham. Unser Ziel sollte die Verwandlung des negativen zum positiven Schamgefühl sein. Das gelingt in drei Schritten: Am Anfang steht das Eingestehen vom Schamgefühl, dann das Erkennen der Schwäche, die wir verstecken möchten. Und schließlich geht es darum, mit Selbstvertrauen die Schwäche anzunehmen. Wir sollten nicht an die Bewertung von anderen denken. Egal, was wir tun, die anderen reden immer darüber. Daher sollten wir uns darum nicht kümmern.

Wenn wir uns eingestehen, dass wir uns *Das Schamgefühl* schämen, dann sollten wir das, wofür wir *eingestehen* uns schämen, anschauen und annehmen.
Wir sollen darauf vertrauen, dass es nichts in uns gibt, für das wir uns vor Gott schämen müssen. Denn Gott kennt uns ganz und gar. Wenn wir alles, was uns beschämt, Gott hinhalten, werden wir langsam fähig, das Beschämende in uns selbst anzunehmen und es als Teil unserer Person zu akzeptieren. Das ist der entscheidende Schritt. Dann gelingt es uns auch, diesen Teil, für den wir uns bisher vor anderen Menschen geschämt haben, zu schützen. Wir brauchen ihn nicht den anderen zu zeigen. Aber selbst wenn dieser beschämende Teil den anderen offenbar wird, wird die Scham relativiert. Sie wird nicht völlig aufgelöst.

Wir spüren trotzdem Schamgefühl. Zugleich kann uns das Schamgefühl jedoch daran erinnern, dass Gott alles Verborgene in uns kennt und dass sein Licht alles Verborgene in uns erleuchtet.

Sich seines Glaubens schämen? Manche schämen sich auch ihres Glaubens. Gerade weil er wichtig ist für sie, weil er auch den intimsten Kern ihres Lebens berührt, meinen sie ihn vor den Blicken anderer schützen zu müssen. Die Bibel hat eine andere Sicht: Den Glauben sollen wir nicht schamhaft verbergen, sondern ihn öffentlich bekennen. Im Timotheusbrief heißt es: »Schäme dich also nicht, dich zu unserem Herrn zu bekennen; schäme dich auch meiner nicht, der ich seinetwegen im Gefängnis bin.« (2 Tim 1,8) Umgekehrt beschämt Jesus alle seine Gegner, als er dem Synagogenvorsteher seine Heuchelei vorhielt (vgl. Lk 13,17). Doch es gibt auch schlimme Dinge, deren man sich schämen sollte: »Welchen Gewinn hattet ihr damals? Es waren Dinge, deren ihr euch jetzt schämt.« (Röm 6,21) Wir sollen uns der Dinge schämen, die nicht geziemend sind für uns, wie Heuchelei und ungebührliches Verhalten. Aber wir sollten uns der Botschaft Jesu nicht schämen. Die sollen wir frei bekennen. Das ist die Botschaft des Neuen Testamentes. Man könnte auch sagen: Die Scham gibt uns ein Gespür für das, was uns ziemt. Dessen, was die Botschaft Jesu betrifft, sollen wir uns nicht schämen. Wir sollen also frei auftreten in der Gesellschaft und uns zu Christus zu bekennen.

Ritual

Erinnere dich daran, wann du dich das letzte Mal geschämt hast. Und was war die Ursache deiner Scham? Was wolltest du vor den anderen Menschen verbergen? Was war dir unangenehm? Und dann versuche, das, wofür du dich geschämt hast, Gott hinzuhalten. Wenn du es Gott offen zeigst, brauchst du dich nicht dafür zu schämen. Gott kennt alles. Und Gott nimmt dich an mit allem, was in dir ist. Gott schämt sich deiner nicht. Er nimmt dich an. Er möchte alles, was in dir ist, mit seiner Liebe durchdringen. So öffne deine Hände und halte sie Gott hin und stelle dir vor, dass du in deinen Händen deine ganze Wahrheit, auch die, für die du dich in der Vergangenheit geschämt hast, Gott hinhältst, damit seine Liebe alles in dir durchdringt.

16. Statt GRANDIOSITÄT:
Sieh die Großartigkeit des Lebens

Flucht vor der Ein Gefühl, das ich heute bei vielen nar-
Wirklichkeit zisstischen Menschen beobachte, ist das
Gefühl der Grandiosität: Man muss sich
immer als etwas Besonderes fühlen. Aber meist geschieht
dies auf Kosten anderer und zu Lasten eines realitätsge-
rechten Lebens. Da ist etwa eine Frau, die Beziehungs-
probleme hat. Sie stellt sich nicht ihrer Problematik, sondern flieht in eine spirituelle Grandiosität, in der sie sich
als eins mit dem Göttlichen fühlt. Sie ist schon verschmol-
zen mit dem Göttlichen. Was braucht sie da noch eine
Beziehung? Oder der Mann, der immer wieder seine
Arbeitsstelle gewechselt hat. Und wenn man ihn in seinem
ungebremsten Selbstbewusstsein anhört, wie kreativ und
fähig und professionell er ist, dass die kleinkarierten Chefs
auf ihn neidisch sind, oder dass die kleinen Unternehmen
nicht zu seinem außergewöhnlichen Talent passen würden, dann kann schon der Verdacht aufkommen, dass hinter all den Tönen der Grandiosität auch deutliche wahn-
hafte Selbstüberschätzung steckt.

Größenwahn und Größenwahn und Grandiosität ähneln
Grandiosität sich. Aber es gibt doch einen Unterschied. Wer größenwahnsinnig ist, der
handelt oft maßlos. Er übernimmt sich selbst. Er handelt
aus seinem Größenwahn heraus. Die Grandiosität ist eher
eine Flucht in die Passivität. Ich fliehe in große Gefühle
hinein, um meiner Durchschnittlichkeit aus dem Weg zu
gehen. Aber manchmal merkt man bei größenwahnsinni-

gen Menschen, dass sie damit auch nur ihr Minderwertig-keitsgefühl überdecken möchten. Also kann auch Größen-wahn eine Flucht vor der Realität sein.

Flucht in die Grandiosität kommt vor allem bei narziss-tischen Menschen vor, die ihre eigenen Verlassenheitsge-fühle nicht wahrnehmen wollen und deshalb solche euphorischen Gefühle suchen. Doch ich wäre vorsichtig, einem anderen das zu unterstellen. Grandiosität wird frei-lich problematisch, wo ich mich bewusst über den anderen stelle und ihm vermittle, dass er keine Ahnung habe und unfähig sei im Vergleich mit meinen Fähigkeiten.

Das Wort »grandios« kommt aus dem Italienischen *grandioso*, das großartig, überwältigend bedeutet. Die Grandiosi-tät ist also das Gefühl von etwas Großem und Großarti-gem. Die Psychologie hat das Gefühl der Grandiosität dagegen als Kompensation verstanden. Ich nehme nicht einfach das Große und Großartige des Lebens wahr. Ich brauche immer großartige Gefühle, weil mein Leben so ganz anders ist. Mein Leben ist kleinkariert und banal. Das halte ich nicht aus. Daher flüchte ich in die Grandiosität. Diese Art von Grandiosität, die die Psychologie beschreibt, tut uns nicht gut. Sie ist eine Flucht vor der eigenen Wahr-heit und eine Flucht vor der Realität meines Lebens.

Die Flucht vor der eigenen Wahrheit

Es gibt viele Formen, in die Grandiosität zu fliehen. Die Frau, die sich ihren Beziehungsproblemen nicht stellt und in die Vorstellung der Verschmelzung mit dem Göttlichen flieht, überspringt damit ihre Sehnsucht nach Nähe und Beziehung. Und irgendwann wird sie diese Sehnsucht wieder einholen. Und sie wird schmerzlich auf die Nase fallen. Sie dachte, nur die banalen Leute bräuchten noch Beziehung. Sie wäre schon so weit auf ihrem spirituellen Weg, dass sie solche menschlichen Bedürfnisse gar nicht mehr hat. Doch das ist ein Irrtum. Irgendwann wird sie mit ihrem Bedürfnis nach Nähe konfrontiert.

Ein anderes Beispiel: Ein Arzt erzählt von seiner Frau, die in die Esoterik abgerutscht ist. Sie spricht nur noch mit den Engeln. Das ist für sie der Weg, sich den Auseinandersetzungen und Gesprächen mit ihrem Mann zu entziehen. Es wäre viel zu banal, mit ihrem Mann zu sprechen. Sie bespricht sich mit ihren Engeln. Und die sagen ihr genau, was sie tun soll. Ihr Mann sei auf einer niedrigeren spirituellen Stufe. Mit ihm zu reden, wäre unter ihrem spirituellen Niveau. Auf diese Weise entzieht man sich der Realität und macht sich unangreifbar. Aber man versäumt auch das Leben. Man hebt sich auf eine Stufe empor, die einem nicht zukommt. Und irgendwann wird man jählings abstürzen von der steilen Höhe, auf die man sich verstiegen hat.

Die tiefere   Ich verstehe Grandiosität in Unter-
Sehnsucht zulassen   scheidung vom Größenwahn so, dass da
jemand in spirituelle Fantasien flieht.
Und es kann durchaus sein, dass jener Mann, der voller Selbstbewusstsein von einer Arbeitsstelle zur nächsten wechselt, vor dem eigenen Misserfolg in solche Größenfantasien flieht, sich im Tiefsten selbst aber nach tieferen Erfahrungen sehnt, nach einer Erfüllung, die wirklich begeistert. Aber er lässt diese Sehnsucht in sich nicht zu.

Die Frage bleibt: Wie können wir die Sehnsucht nach Grandiosität verwandeln, sodass sie nicht mehr zur Flucht wird, sondern zu einem erfüllteren Leben führt? In jedem Gefühl steckt ja ein Stück Wahrheit und eine berechtigte Sehnsucht. Und in der Grandiosität steckt die Ahnung, dass jeder Mensch einmalig und einzigartig ist. Jeder Mensch ist ein einmaliges Bild Gottes. Und insofern ist er etwas Besonderes. Aber dieses Besondere geht nicht auf Kosten der anderen. Es sondert ihn nicht ab von anderen Menschen. Weil ich etwas Besonderes bin, achte ich auch die Besonderheit des anderen, seine unantastbare Würde, das einzigartige Bild, das Gott sich von diesem Menschen gemacht hat.

Eine andere Sehnsucht, die im Gefühl der Grandiosität steckt, ist die Sehnsucht, sich der Oberflächlichkeit und *Meine Seele hat einen Goldglanz*
Banalität des Lebens zu entziehen und das Geheimnis der eigenen Person und des Lebens zu würdigen. In jedem von uns steckt die Ahnung, dass es mehr geben muss als die äußeren Fakten, von denen wir in den Medien hören. In jeder Musik, in jedem Gedicht klingt etwas auf von der Grandiosität des Menschen. Das ist eine gesunde Grandiosität: Ich fliehe nicht vor der Realität meines Lebens, sondern ich nehme mitten in der Alltäglichkeit und Banalität meines Lebens das Besondere meiner menschlichen Existenz wahr. Ich gehe nicht auf in äußerer Pflichterfüllung. Meine Seele hat einen Goldglanz. Ich habe eine göttliche Würde. Aber diese göttliche Würde muss sich gerade in der Alltäglichkeit zeigen. Ich fliehe nicht vor den Unbilden der Welt in grandiose Ideen. Ich erweitere vielmehr meine Sichtweise. Ich öffne meine Augen für das Große und Besondere, das jeder Mensch ist. Das zu sehen

gibt meinem Leben eine andere Tiefe. Ich stelle mich den täglichen Konflikten, aber ich weiß zugleich, dass sie nicht alles sind, dass es da noch eine andere Dimension in meinem Leben gibt. Das relativiert die Konflikte und alltäglichen Probleme. Es gibt mir mitten in der Enge meines Alltags eine innere Weite und Freiheit und Größe.

Ritual

Meditiere den brennenden Dornbusch. Der Dornbusch ist ein Bild für das Wertlose, Übersehene, Vertrocknete, Durchschnittliche in uns. Und doch erscheint Gottes Herrlichkeit in diesem Dornbusch. Der Dornbusch brennt, ohne zu verbrennen. Das ist auch ein Bild für Dich: Du bleibst Dornbusch, du bleibst dieser durchschnittliche Mensch. Und doch bist du der Ort der Gegenwart Gottes. Gottes Licht will in dir aufleuchten. Der Dornbusch zeigt dir deine wahre Größe, deine wirkliche Grandiosität. Doch zugleich verweist er dich auf deine Durchschnittlichkeit. In dieser Spannung leben wir alle: Wir sind Söhne und Töchter Gottes und daher etwas Besonderes. Gott wohnt in uns. Das ist unsere Würde. Und zugleich bleiben wir ganz Mensch mit unseren Fehlern und Schwächen. Und Jesus lehrt uns, immer wieder hinabzusteigen in die eigenen Tiefen und Schattenbereiche unserer Seele.

Schluss

Wir sind einige Emotionen und Leidenschaften – in der Sprache der frühen Mönche: *logismoi* – durchgegangen. Bei all diesen Emotionen ging es darum, sie nicht auszuradieren, sondern sie zu verwandeln. Das große Thema der Verwandlung, das im Zentrum der christlichen Botschaft steht, sollte konkret an einigen Leidenschaften und Emotionen dargestellt werden. Es sind nur Beispiele. Die Verwandlung bezieht sich auf alles, was wir erleben, auf unsere Erfolge und Enttäuschungen, auf unsere Gefühle und Ängste, auf unsere Leidenschaften und Bedürfnisse. Verwandlung heißt, dass wir alles erst einmal mit einem Blick anschauen, der nicht bewertet, sondern die Gefühle sein lässt, wie sie sind. Aber zugleich befragt sie die Gefühle, wo sie uns schaden, wo sie uns am Leben hindern. Und dann geht es darum, zu erforschen, wie die Gefühle und Leidenschaften so verwandelt werden können, dass sie uns antreiben zum Leben, dass sie unser Leben bereichern.

Das Urbild der Verwandlung ist in der Bibel die Geschichte von der Verklärung Jesu, die uns alle drei Synoptiker erzählen. Bei Matthäus und Markus wird das klassische griechische Wort *metamorphousthai* gebraucht. Wir kennen das von den Metamorphosen des Ovid, der uns lauter Verwandlungsgeschichten erzählt. In Jesus müssen keine Leidenschaften verwandelt werden. Bei ihm wird sein Aussehen verwandelt. Die Jünger haben in ihm nur das Äußere wahrgenommen. Jetzt erkennen sie, wer dieser Jesus eigentlich ist.

Diese Geschichte möchte uns sagen: Das Ziel aller Verwandlung ist, dass das eigentliche Bild, das Urbild Gottes in mir zum Vorschein kommt. Aber dieses Urbild soll in meinem Antlitz aufleuchten. Das heißt für mich: In meiner Realität, die geprägt ist von den Emotionen und Leidenschaften, die ich in mir vorfinde, soll das ursprüngliche und unverfälschte Bild Gottes in mir aufleuchten. Dieses Urbild strahlt nur dann in mir auf, wenn alle Emotionen und Leidenschaften in mir durchlässig werden für dieses ursprüngliche Licht Gottes in mir. Nur beim Evangelisten Lukas heißt es, dass Jesus verwandelt wurde, während er betete (Lk 9,29). Das bedeutet für uns: Wenn wir beten, können auch wir in Berührung kommen mit dem ursprünglichen Bild Gottes in uns. Da können alle Emotionen und Leidenschaften in uns verwandelt werden, sodass sie durchsichtig werden auf Gottes Licht hin. Das Gebet ist also für Lukas der eigentliche Ort, an dem unsere Leidenschaften verwandelt werden. Aber das verlangt auch eine ganz bestimmte Weise des Betens. Beten heißt nicht, dass Gott mir alle Probleme wegnimmt, sondern vielmehr: Ich halte im Gebet meine ganze Wahrheit Gott hin, mit allen Emotionen, Leidenschaften und Bedürfnissen. Und ich vertraue darauf, dass er alles in mir zu verwandeln vermag. Dann wird sein Licht auch durch meine Sorge, durch meine Angst, durch meine Traurigkeit, durch meinen Neid, durch meine Eifersucht und meinen

Zorn hindurchstrahlen. Das ist eine tröstliche Botschaft, die uns befreit von dem Leistungsdruck, unter die uns viele Ratgeberbücher stellen, die uns ständig ermahnen, alles in uns zu verändern.

Paulus spricht von der Verwandlung durch das Schauen. Indem wir die Herrlichkeit Christi schauen, werden wir in sein Bild verwandelt: »Wir alle spiegeln mit enthülltem Angesicht die Herrlichkeit des Herrn wider und werden so in sein eigenes Bild verwandelt, von Herrlichkeit zu Herrlichkeit, durch den Geist des Herrn.« (2 Kor 3,18) Hier bezieht sich Paulus auf das Bild eines wunderbaren Spiegels. In der Antike gab es die Vorstellung, dass wir uns in einem Wunderspiegel selbst erkennen mit unserer göttlichen Würde. So schauen wir in diesem Wunderspiegel nicht nur die Herrlichkeit Gottes, sondern unsere eigene. Doch Paulus bezieht diese Herrlichkeit auf Jesus Christus. In ihm leuchtet uns Gottes Herrlichkeit auf. Und wenn wir Jesus betrachten wie einen Spiegel, werden wir uns in diesem Spiegel selbst erkennen und wir werden durch das Schauen in das Bild Christi verwandelt. Das heißt: Wir werden in das einmalige Bild verwandelt, das Gott sich von jedem von uns gemacht hat. Und dieses einmalige Bild spiegelt auf je persönliche Weise das Bild Jesu wider. Durch das Schauen werde ich diesem Bild immer ähnlicher, immer mehr in dieses Bild verwandelt. So ist die Verwandlung nicht nur das Ziel des Gebets, sondern auch der Mystik. Denn Paulus erzählt hier von mystischen Erlebnissen, dass man auf einmal im Bild Jesu sich selbst in seiner Einmaligkeit erkennt.

Gebet und Mystik sind Orte der Verwandlung. Beide spirituellen Wege gipfeln für Christen in der Eucharistie. In der Eucharistiefeier halten wir Gott in den Gestalten von Brot und Wein unsere Wirklichkeit hin, damit er alles in uns verwandelt. In den Gestalten von Brot und Wein sehe ich fünf Bilder der Verwandlung. Und manche Bilder beziehen sich auf die Emotionen, die ich in diesem Buch beschrieben habe.

Das erste Bild: Das Brot steht für das, was mich täglich aufreibt und zerreibt, was mich zermürbt und zerreißt. Ich könnte bei den Emotionen an die Sorgen und den Kummer denken, die ich im Brot Gott hinhalte. Gott verwandelt die alltägliche Mühsal in ein Brot des Himmels, das mich wahrhaft nährt.

Das zweite Bild: Der Kelch steht für das Leid, für mein persönliches Leid und für das Leid der Welt. Ich halte Gott alles hin, wofür ich mich schäme, alles Peinliche, was mir Mühe macht. Aber ich halte Gott auch das Leid der Menschen hin, die mir am Herzen liegen. Und ich vertraue darauf, dass Gott den Kelch des Leids in einen Kelch des Heils verwandelt, dass seine Liebe in alle Schmerzen und alles Leid hineinströmt und sie verwandelt.

Das dritte Bild: Der Kelch ist in der Bibel oft ein Kelch der Bitterkeit. Im Kelch halten wir unsere Bitterkeit Gott hin, in dem Vertrauen, dass er sie in Süßigkeit verwandelt, in einen angenehmen Geschmack, den wir konkret schmecken, wenn wir den guten Wein trinken, in dem uns Gottes menschgewordene Liebe durchdringt.

Das vierte Bild: Die jüdische Tradition kennt den Trauer-
kelch. Trauer meint nicht nur die Trauer über den Tod lieber Menschen, sondern auch die Trauer über verpasste
Lebenschancen, über zerbrochene Lebensträume und
über die eigene Durchschnittlichkeit. Wir halten im Kelch
unsere Trauer, aber auch unsere Traurigkeit und unser
Selbstmitleid und unsere Depression Gott hin, damit er
sie in Trost verwandle. Trost bedeutet, dass Gott uns neue
Standfestigkeit verleiht. Und dass Gott selbst in unsere
Einsamkeit hineingeht, sodass wir getröstet sind (*consolatio*
im Lateinischen = einer ist mit mir in meiner Einsamkeit).

Das fünfte Bild: Der Kelch ist mit Wein gefüllt, der mit
Wasser vermischt ist. Das ist ein Bild für unsere ver-
mischte Liebe. Unsere Liebe ist oft genug vermischt mit
Zweifeln am andern, mit Eifersucht und Neid, mit Zorn
und Aggression, mit Verletzung und Enttäuschung und
mit Besitzansprüchen. Wir halten Gott unsere vermischte
Liebe hin, damit er sie durch seine göttliche Liebe in reine
Liebe verwandle.

Das, was ich in der Verwandlung der Emotionen und Leidenschaften beschrieben habe und was wir im Alltag einüben sollen, das geschieht im Ritual der Eucharistie. Und
wir können nicht sagen, was mehr wirkt: der konkrete
Umgang mit den Emotionen, die Schritte der Verwandlung oder aber das Ritual der Eucharistie. C.G. Jung
meint, das Ritual wirke bis in die Tiefen des Unbewussten
hinein. Da geschieht nicht nur eine äußere Verwandlung,
sondern eine Verwandlung in der Tiefe meiner Seele. Wir
sollten Ritual und spirituellen Übungsweg nicht gegen-

einander ausspielen. Beide Wege sind wichtig, damit unsere Emotionen und Leidenschaften immer mehr verwandelt werden, sodass sie uns stärken auf unserem Lebensweg und uns immer durchlässiger werden lassen für das einmalige Bild, das Gott sich von jedem von uns gemacht hat. Diese Erfahrung der Verwandlung wünsche ich allen Leserinnen und Lesern von ganzem Herzen. Für mich ist dieser Weg der Verwandlung in den letzten Jahren zum zentralen Bild unseres christlichen Weges geworden. So wünsche ich auch Ihnen, dass dieser Weg der Verwandlung Sie befreit von allem Leistungsdruck, sich ständig verändern zu müssen. Und ich wünsche Ihnen, dass der Weg der Verwandlung Ihnen auf neue Weise aufzeigen möge, was Gnade Gottes wirklich meint. So entspricht der Weg der Verwandlung der Erkenntnis Martin Luthers, der den Vorrang der göttlichen Gnade vor allem menschlichen Werk erkannt hat. Und er entspricht der Einsicht, die Georges Bernanos in seinem »Tagebuch eines Landpfarrers« am Ende seines spirituellen Weges dem Landpfarrer in den Mund legt: »Alles ist Gnade.« Georges Bernanos hat ein schweres Leben geführt, mit innerer Zerrissenheit, mit vielen Ängsten und Bedrängnissen. Er selbst nennt es ein Hundeleben. Aber er konnte – so meint einer seiner besten Kenner, Albert Béguin – »bei jeder neu andrängenden Welle der Angst und Beklemmung mit seinem ›Landpfarrer‹ sagen: ›Alles ist Gnade.‹« Diese Gewissheit, dass alles Gnade ist, lässt uns unsere Emotionen ohne Angst anschauen. Alle dürfen sein. Wir vertrauen darauf, dass jede auch noch so negative und destruktive Emotion verwandelt werden kann. Denn Gottes Gnade ist stärker als unsere Gefährdung durch die

Leidenschaften und Emotionen. Und Gottes Gnade sagt uns: Alles kann verwandelt werden, damit du mehr und mehr du selber wirst, dieses einmalige, ursprüngliche und unverfälschte Bild, das Gott sich von dir gemacht hat.

Literatur

Georges Bernanos, Das sanfte Erbarmen. Briefe des Dichters, Einsiedeln 1951.

Marlene Fritsch, Ich möchte keine Heilige sein. Teresa von Avila – Wegweiserin für heute, Münsterschwarzach 2011.

Anselm Grün, Verwandle deine Angst. Spirituelle Impulse. Freiburg i. Br. 2010.

Anselm Grün, Wege durch die Depression. Spirituelle Impulse, Freiburg i. Br. 2013.

Anselm Grün, Gier, Münsterschwarzach 2015.

Romano Guardini, Vom Sinn der Schwermut, Mainz 1983.

Daniel Hell, Welchen Sinn macht Depression? Ein integrativer Ansatz, Reinbek 2006.

Grégoire Jotterand, Mystik als Heilsweg. Von narzisstischer Grandiosität zur Demut am Beispiel des »Kleinen Weges« der Sainte Thérèse de Lisieux, Freiburg i. Br. 2007.

Martin A. Klopfenstein, Scham und Schande nach dem Alten Testament, Zürich 1972.

Elisabeth Ott, Die dunkle Nacht der Seele. Depression? Untersuchungen zur geistlichen Dimension der Schwermut, Elztal 1981.

Erich Schweizer, Apophthegmata Patrum (Teil III), Weisungen der Väter, Band 16, Beuron 2013.

Günter H. Seidler, Der Blick der anderen. Eine Analyse der Scham, Stuttgart 1995.

Leon Wurmser, Die Maske der Scham, Berlin 1981.

Impulstexte für jeden Tag

Anselm Grün
Jeden Tag zur Ruhe kommen
Jahresbegleiter
160 Seiten | Hardcover
ISBN 978-3-451-00663-0

Bei sich ankommen und sich nicht aus dem Gleichgewicht bringen lassen. In sich ruhen und doch ganz präsent sein. In all dem Druck, dem Lärm, der Hast sich so in sich selber verankern, dass die Seele still wird und doch achtsam auf alles, was wesentlich ist. Das kann man lernen., Und das kann man üben. Der Königsweg zum sinnvollen und vertieften Leben. Ein Impuls zu mehr Lebendigkeit, mitten im Leben. Wie einfach das geht, zeigt Anselm Grün mit einem Impuls für jeden Tag.

HERDER

In jeder Buchhandlung
oder unter www.herder.de

Viel Glück und viel Segen

Anselm Grün
**Das Buch der Segens-
wünsche**
160 Seiten | Hardcover
ISBN 978-3-451-00662-3

»Viel Glück und viel Segen«: Wenn wir einander das
wünschen, wissen wir, dass wir aus eigener Kraft das
Gelingen nicht garantieren können. Das Beste und Wichtigste, ja das Entscheidende im Leben ist Geschenk: dass
wir auf allen Wegen behütet und begleitet sind. Anselm
Grün spricht diesen Segen in die verschiedensten Situationen unseres Lebens hinein: Nicht nur zum Geburtstag
oder zu Neujahr. Sondern auch im Alltag und auch für
unsere Beziehungen: In Situationen, wo wir zweifeln oder
Mut brauchen. Wenn wir anfangen oder etwas beenden
müssen. In Situationen der Krankheit, der Müdigkeit, des
Scheiterns und Trauerns.

HERDER

In jeder Buchhandlung
oder unter www.herder.de